路桥施工技术与管理

彭德秀 蒋晓东 姚 伟 主编

吉林科学技术出版社

图书在版编目（CIP）数据

路桥施工技术与管理 / 彭德秀，蒋晓东，姚伟主编. -- 长春：吉林科学技术出版社，2020.11
ISBN 978-7-5578-7883-2

Ⅰ.①路… Ⅱ.①彭… ②蒋… ③姚… Ⅲ.①道路施工②桥梁施工 Ⅳ.①U415②U445

中国版本图书馆CIP数据核字（2020）第216047号

路桥施工技术与管理

LUQIAO SHIGONG JISHU YU GUANLI

主　　编	彭德秀　蒋晓东　姚　伟
出 版 人	宛　霞
责任编辑	朱　萌
封面设计	李　宝
制　　版	张　凤
幅面尺寸	185mm×260mm
开　　本	16
字　　数	230千字
页　　数	168
印　　张	10.5
版　　次	2020年11月第1版
印　　次	2020年11月第1次印刷
出　　版	吉林科学技术出版社
发　　行	吉林科学技术出版社
地　　址	长春市福祉大路5788号
邮　　编	130021
发行部电话/传真	0431—85635177　85651759　85651628
	85677817　85600611　85670016
储运部电话	0431—84612872
编辑部电话	0431—85610611
印　　刷	北京宝莲鸿图科技有限公司
书　　号	ISBN 978-7-5578-7883-2
定　　价	50.00元

版权所有　翻印必究　举报电话：0431—85635185

前 言

路桥施工技术控制是施工前期的技术准备和质量分析。在这个阶段，需要施工单位加强对全体工作人员的技术安全意识培训，进行自我技术的审查，保证自身技术的先进性和合理性，确保施工技术在施工时能充分应用。在施工前，结合施工项目的实际情况和合同的要求，对施工项目进行合理、科学的设定施工中的技术控制点，建立完善的路桥施工的技术控制的体系，只有以科学的、合理的方式来进行对路桥施工过程中的施工技术进行管理，才能保证路桥施工质量。

路基是路桥工程的基础，其施工技术好坏对道路的整体质量会产生直接影响。路基面防水施工的技术控制直接关系到路基面防水层质量和沥青路面铺筑层质量。有效的防水施工技术可以防止水渗入到路桥混凝土里产生钢筋锈蚀，避免水泥混凝土由于胀裂对路桥结构造成破坏，进而起到延长路桥使用寿命的作用。

在进行路桥施工时必须要加强对排水的重视度，很多路桥工程建设施工时没有注意到积水对路面路基的影响，在雨水长期的腐蚀下，就会对地基填料造成影响，减少路基承受力，缩短路桥使用寿命。路桥工程的排水最普遍采用的施工技术是坡度法，即将桥面中心建造得比较高，两边比较低，形成一定的角度，从而将路面积水排出去。在施工过程中应该在路面路基设置适当的排水系统，对地表水以及地下水进行有效的拦截引排。同时，为了更方便排水，在路侧还建有排水池或排水管道。需要强调的一点是，路面的长期使用不可避免地会出现裂缝，对这些裂缝进行及时的修补处理，也是防水施工的重要组成部分。

路桥施工技术是保证路桥质量和施工企业经济效益和市场竞争能力的重要保证。随着科技的不断发展，各类新的技术与施工工艺也将逐步被应用到路桥工程中，所以对于路桥施工技术，要根据工程不同特点合理的选择，并辅以严格的管理，让路桥工程更加适应现代工程要求，更为安全耐用，确保企业的经济目标得以实现。保障交通安全和行车的舒适性，从而使公路工程的整体效益得到提升。

目 录

第一章 路桥施工的基本理论 1
第一节 路桥施工存在的问题 1
第二节 路桥施工质量控制 4
第三节 路桥施工优化研究 6
第四节 路桥施工常见病害 9
第五节 路桥施工建设中的养护 11
第六节 路桥施工的防水层质量控制 14
第七节 路桥施工中过渡段的施工 16

第二章 路桥施工技术 19
第一节 三维动画与路桥施工技术 19
第二节 路桥施工预应力技术 21
第三节 路桥施工中桩基加固技术 25
第四节 路桥施工采用绿色施工技术 28
第五节 路桥施工中钻孔灌注桩技术 30
第六节 路桥施工试验检测技术 32
第七节 路桥施工中防水路基面的施工技术 35
第八节 路桥施工中钢纤维混凝土的施工技术 37
第九节 路桥施工中钻孔灌注桩施工技术 41
第十节 路桥施工中的裂缝防治技术 43

第三章 路桥施工安全研究 46
第一节 路桥施工问题的探讨 46
第二节 路桥施工安全风险评估 48

第三节　高速公路路桥施工安全控制技术 ························· 51

　　第四节　路桥施工工人安全培训工作 ····························· 54

　　第五节　路桥施工设计安全性及耐久性 ··························· 57

　　第六节　路桥施工中安全生产事故的预防 ························· 59

　　第七节　路桥施工机械租赁安全隐患 ····························· 62

　　第八节　路桥工程中的黄土隧道施工与安全控制 ··················· 66

第四章　路桥施工技术的应用 ··· 69

　　第一节　路桥工程路基施工技术的应用 ··························· 69

　　第二节　伸缩缝施工在市政路桥施工中的应用 ····················· 71

　　第三节　路桥施工防水材料的应用 ······························· 74

　　第四节　路桥工程高墩翻模施工技术的应用 ······················· 76

　　第五节　路桥桩基钻孔施工技术的应用 ··························· 79

　　第六节　路桥工程施工中的工程测量应用 ························· 82

　　第七节　路面平整度施工技术在路桥施工中的应用 ················· 85

　　第八节　BIM 技术在路桥施工全过程中的应用 ····················· 88

　　第九节　现浇盖支架施工技术在路桥工程中的应用 ················· 91

第五章　路桥施工管理的基本理论 ····································· 95

　　第一节　路桥施工管理存在问题 ································· 95

　　第二节　路桥施工管理的影响因素 ······························· 98

　　第三节　路桥施工管理过程的创新管理 ·························· 101

　　第四节　路桥施工管理中的技术及质控 ·························· 104

　　第五节　路桥工程现场施工管理难点 ···························· 106

　　第六节　路桥施工成本管理与成本控制 ·························· 109

　　第七节　市政路桥工程施工综合管理 ···························· 112

　　第八节　路桥工程施工技术及安全管理 ·························· 115

　　第九节　路桥施工企业财务管理 ································ 118

第六章 路桥建设及养护管理 ·············· 121
第一节 路桥施工管理创新技术 ·············· 121
第二节 省道路面施工管理措施 ·············· 124
第三节 路桥建设及养护管理分析 ·············· 127
第四节 道路桥梁建设施工现场管理 ·············· 131
第五节 公路桥梁工程造价管理与控制 ·············· 134
第六节 路桥工程机械设备的选用与经济化管理 ·············· 136

第七章 路桥施工管理的创新研究 ·············· 140
第一节 路桥工程合同管理的必要性 ·············· 140
第二节 路桥施工合同的全过程管理 ·············· 143
第三节 路桥施工成本控制的有效对策 ·············· 146
第四节 路桥项目施工合同的变更 ·············· 149
第五节 桥梁施工合同管理跟踪管理 ·············· 152

参考文献 ·············· 156

第一章　路桥施工的基本理论

第一节　路桥施工存在的问题

本节主要就路桥施工过程中存在的问题展开研究，通过分析相关问题的危害，探究具体的路桥施工质量管理措施，从制度、人员以及材料等角度出发，推动路桥施工不断完善，为相关单位创造更大的经济效益。

一、路桥施工中存在的问题

（一）施工成本较高

施工成本在路桥施工中占据重要地位，对建设顺利开展和提高建设效益具有重要作用。但是当前路桥施工过程中，施工和投资单位在路桥施工中的利益冲突较为频繁。在投资单位强调施工质量而施工单位重视利益的情况下，双方在计算路桥施工成本等数据时会出现明显的数额差异，导致双方矛盾愈发激烈。部分施工单位出于竞争等目的，盲目赶工以追求更高的效益，造成严重施工问题，不仅加大了路桥施工过程中的成本支出，也对整体的利益控制等工作造成不利影响。

（二）采购管理落后

施工材料的质量对最终路桥施工的质量具有重要影响，在路桥施工建设过程中发挥了重要作用。而作为路桥施工过程中的采购人员，其采购标准和材料质量等会对路桥施工产生重要影响。当前采购管理过程中存在的较为严重的问题是采购管理人员需要结合路桥施工要求，采购多种类型的材料，但是受到采购人员专业知识以及对市场了解深度等因素的影响，采购人员在采购过程中极有可能出现采购失误等现象，部分采购人员也可能会采购性价比相对较低的产品，这都会给路桥施工建设造成不利影响。另一方面，采购工作是一项对责任心要求较高的工作，采购人员自身责任意识不足，受到利益等的诱惑也会采购质量相对较差的产品，导致最终采购的材料不合格，问题严重时可能会影响路桥施工过程中多个单位的经济效益，对路桥施工建设的顺利开展具有极为不利的影响。必须加强对路桥施工中采购管理工作的重视，及时推动投资单位和施工单位达成共识，才能推动采购管理工作效率提高，以保证实际施工的质量。

（三）工程施工现场管理不及时

工程施工现场管理是路桥施工建设过程中的重要组成部分，但是当前路桥施工过程中，相关单位并没有加强对现场管理工作的重视，现场施工过程中并没有配套的管理人员开展监督指导等工作，导致实际施工过程中存在许多漏洞，相关问题不能及时解决，影响了最终的施工质量。近年来，国家也逐渐出台与工程施工现场管理工作相关的政策法规。但是在实际施工过程中，相关单位并没有加强对该类政策的重视，现场管理工作仍然停留在表面，施工过程中存在问题并没有及时解决，导致路桥施工的现场管理环节存在许多混乱现象，影响施工建设的顺利开展，严重者还会对施工人员的生命安全造成影响，影响路桥施工质量。

（四）施工质量不能得到保证

由于路桥施工开展过程中涉及多个环节，仅凭单一施工单位并不能及时完成路桥建设等工作。因此，为推动路桥建设的顺利开展，必须及时结合路桥施工的具体环节采取对外分包等措施，促进不同施工单位开展平行施工，缩短因为施工顺序等导致的工期延长等问题。但是在不同单位承接不同环节的路桥施工的情况下，施工的质量不能得到有效保证。在对施工人员的专业性以及安全意识和思想道德意识等展开考察时也会存在诸多问题。施工过程中，部分单位出于节约施工成本，提高经济效益等目的，会选择在分包过程中录用专业性相对较差的员工开展施工操作，该类施工人员在施工过程中存在许多问题，不能满足高难度路桥施工建设的需要，对路桥施工的整体质量造成严重影响。同时，路桥施工的不同环节由不同施工单位负责，其施工理念和施工方法等也存在一定的差异。该类差异的存在使得在彼此开展工程交接等活动时容易出现问题，继而影响工程衔接工作的顺利开展，不利于保证路桥施工的工程质量。

二、路桥施工质量管理措施

（一）完善具体管理制度

管理制度在路桥施工建设过程中发挥了重要作用，必须加强对管理制度的重视。通过加强对路桥施工现场监控等工作的重视，就施工方案的合理性以及施工技术等因素展开调查，推动相关工作按照既定计划顺利开展。必须加强对工程施工过程中存在问题的重视，明确路桥施工过程中存在的问题，在此基础上开展进一步的分析预防等工作，推动工程建设顺利开展。结合国家相关制度以及施工单位和其他单位在施工制度规则等方面的要求，推动路桥施工现场施工按照规定开展，使相关人员形成责任意识，及时将责任落实到人，推动分工工作顺利开展，保证施工建设的各个阶段符合具体的施工建设要求。

（二）加强现场管理

现场管理在路桥施工管理过程中发挥了重要作用，因而必须加强重视。结合国家相关部门以及路桥施工涉及单位协商要求，制定恰当的、符合路桥施工现状的现场管理制度，能推动现场管理工作在制度的引导下合理开展，推动材料使用存储以及施工流程和施工环境优化等工作顺利开展。加强对路桥施工设计人员的管理，通过向设计人员提出明确要求等，使其明白路桥施工存在的问题和应当采取的解决策略，推动相关工作在此基础上实现新的发展，及时出台优秀设计方案。最后，必须加强对现场监督工作的重视，设置专业的现场监理人员，使其及时监督各环节的施工状况，明确施工过程中存在的问题并引导其及时改正。监理人员也要加强对采购人员以及后勤储备人员的重视，监督其工作按照正常流程开展。

（三）完善材料管理工作

施工材料在路桥施工中占据重要地位，必须加强对路桥施工材料的重视。要加强与设计人员的沟通协商，在专业指导下开展指定材料采购工作。在采购过程中，要形成"货比三家"的意识，明确不同类型的材料在施工过程中发挥的作用，在相似产品中选择性价比最高的产品，保证采购产品的物美价廉。在材料进入施工场地时，必须加强对材料审查的重视，避免出现施工材料"以次充好"等现象，保证进入施工场地的施工材料的质量。当施工材料暂时不投入使用时，物资存储人员等必须加强对材料存储的重视，将材料放置在通风干燥的地方，同时加强对不同材料具体性能的重视，避免将材料性能冲突的材料摆放在一起。完善材料出入库记录制度，加强对材料的管理，推动路桥施工工作顺利开展。

（四）开展施工人员管理培训

施工人员的综合素质对工程建设顺利开展具有重要作用，必须加强对该类人员的重视，通过管理培训等方法，推动施工建设的顺利开展，以此保证路桥施工的最终质量。特别是当涉及到路桥施工的不同分包环节时，必须加强其对团队合作的重视，使其明白合作在路桥施工过程中的重要作用。通过对施工人员开展路桥施工专业技术培训，使其掌握路桥施工建设过程中必需的知识和技能，在此基础上开展路桥施工建设，可有效提高施工人员的专业素质和施工熟练程度。同时，在此过程中还要及时向施工人员进行安全教育和团队协作意识教育，使其在学习过程中掌握团队管理建设的精髓，明确团队合作和安全施工的重要性，打造高质量的路桥施工建设队伍。

路桥施工在交通行业发展过程中发挥了重要作用，必须加强对施工质量的重视，找出不同施工环节存在的问题以及对应的解决方法，推动路桥施工建设按照计划顺利开展，降低施工成本，提高施工效率，继而创造更高的经济效益。

第二节　路桥施工质量控制

当前我国处于市场经济不断发展的重要阶段，交通运输工具的数量也越来越多，为了缓解我国交通方面的压力，路桥施工项目也呈上升的趋势。路桥施工的施工质量一方面关系到公路交通事业未来的发展，另一方面也会对行车的安全带来影响，因此必须要不断创新施工技术，保证路桥工程的施工质量，避免安全事故的发生。

随着中国经济的快速发展，科学技术水平的不断提高，中国路桥建设已经发展到一个新水平。路桥工程项目建设过程中，施工管理水平的高低将会直接关到工程进度，影响路桥的整体质量，必须予以高度重视。路桥项目作为一项复杂的系统工程，涉及多个环节的管理，其中对路桥的施工管理是路桥项目的重点工作，只有充分发挥路桥施工管理才能保障路桥项目的顺利完工。路桥施工管理是指对整个工程施工的过程进行全程的跟踪与管理，主要由计划、执行、监督、考评等各个环节组成，涉及施工项目管理中的组织、质量、成本、合同、现场及生产要素等方面。具体来讲就是对工程从立项投资到工程的整体设计再到工程的施工的整个过程的管理。

一、路桥施工质量影响因素

（一）材料管理因素

众所周知，路桥工程在施工的过程中包含大量的施工材料，而且施工材料种类繁多，每一种施工材料又包含多个型号，对施工材料的管理直接影响着施工质量。材料不符合标准，工程质量就达不到要求，对材料的质量控制是保证工程质量的先决条件。但是，就现阶段路桥施工材料管理来说，缺乏规范性，很多材料在运输和存储的过程中由于方式不得当，造成材料结构发生变化，影响路桥的施工质量，尤其是水泥材料在受到湿度的影响下，会造成水泥变质，无法达到相应的特性。另外，路桥施工中会使用大量的钢筋，而钢筋受到湿度的影响会发生锈蚀，同样也会影响到路桥的施工质量。

（二）施工现场管理因素

施工现场管理混乱国内桥梁施工、建设单位并没有形成一个统一的标准体系，广泛使用施工承包制度。同时建设管理不完善，不能有效地加强其团队的建设管理，使建设单位在施工过程中无法实现有效控制管理人和物。虽然我国出台了一些对施工现场进行规范的政策，但是目前施工现场管理混乱的情况并没有得到有效缓解，仍然是一派"脏、乱、差"的景象。甚至一些施工单位在施工建设过程中，缺乏对整个体系的管理，不仅在施工现场堆积很多的垃圾，还不按照相关规定停放机械，最严重的是一些施工单位现场工作人员没有工作积极性，精神面貌差、作业效率不高等，严重影响了施工项目的效率和质量。

三、路桥施工质量控制策略

（一）加强施工人员管理

现阶段路桥施工人员中大多数都是农民工出身，由于对施工人员施工技术的不了解，再加上施工人员质量意识薄弱等原因，造成路桥施工质量受到极大的影响，对此，必须加强施工人员的管理。首先，要做好前期的交底工作，这个环节主要是了解每个施工人员所掌握的施工技能，通过综合考虑施工人员的施工水平来对施工岗位进行分配，当然必须要保证每个岗位的施工人员水平达到施工要求，避免出现模棱两可、滥竽充数的现象。其次，要加强施工人员的质量教育工作，很多路桥施工质量不高正是因为施工人员质量意识不高而引起的，因此通过加强施工人员的质量教育，可以提高施工人员的质量意识，将施工质量放在第一位，同时也要保证施工安全，这样才能确保路桥施工的质量性和安全性。最后，要加强施工人员施工过程中的管理，避免出现误操作或施工顺序混乱的现象，一些施工人员为了节省施工时间，经常会省略一些施工细节，不仅会给路桥的施工质量带来一定的影响，甚至会产生安全事故，因此加强路桥施工人员施工过程的管理，主要是确保施工过程的规范性，一旦发现施工问题，必须及时纠正，这样才能确保路桥施工的质量。

（二）施工材料管理

路桥施工中必须要加强对施工材料的控制，选择质量合格的材料，在选择生产厂家时，要以知名度高、信誉度好的厂家为首要选择，要对购买的材料进行科学的保管，避免受潮、变质，在材料投入使用之前，要对材料的质量再次检查，没有符合标准的材料严禁进入施工场地。施工现场管理

（三）施工人员管理

路桥施工中的人员和设备都非常多，所以必须要加强对施工现场的管理和控制，在施工现场要配备专业的管理人员，对人员和设备进行合理的安排，同时在整个施工过程中要进行实时监控，保证整个施工有理有序的进行。

（四）施工过程管理

重视路桥工程的防护路桥工程的防护主要有注意水的破坏以及路面裂缝的防治。在路桥工程的设计和施工环节就要对防止水损坏进行充分地考虑，及时封缝对于预防也是必不可少的。一旦发现了水损坏问题，为了避免损害的进一步蔓延，应该根据路面损害的程度及时地采取有效维修措施。而路面裂缝的防治，则应充分总结产生裂纹的根源，及时补救，或使用相应的缓凝剂等附加材料。

（五）施工制度管理

为了提高施工的质量，路桥设计人员要先进行科学的方案设计，施工人员必须依照方案来进行施工，必须要符合下而二点要求。首先，技术人员要处理好交底工作，也就是施工时所应用到的技术、需要注意的问题等，这是提高施工质量的基础，其次，施工人员必须要保证施工的质量，经常性的进行自检，最后，施工的质量检测人员要具有责任感，对于质量不达标的工程必须要重新返工，明确责任归属。认真编制和审查施工方案所有与施工方案有关的单位都应该结合工程实际，从各个角度全面分析、综合考虑，认真编制和审查施工方案，不仅要保证施工方案的技术可行性，也要保证整个项目的经济合理性。尤其是一些比较重大的施工技术方案，必须联合相关技术人员和专家进行多次讨论，验证施工方案的可行性。

路桥工程的发展已经在逐渐壮人，因此必须要提高施工的技术和质量，不断完善各类保障体系，把质量管理的制度真正的发挥出应有的效果，保障行车的安全，这对于整个路桥行业的发展有着极大的推动作用，不仅能够提高企业的经济效益，还能保障商业信誉。

第三节　路桥施工优化研究

路桥施工现场管理对于提高路桥工程质量具有非常重要的意义。因此，我们必须对其予以高度的重视。现阶段路桥施工现场管理存在一些问题，在一定程度上不利于工程资源的合理配置以及合理化应用。文章从实际情况出发，对路桥施工管理的问题难点进行了深入的分析，并系统地提出了可行性对策，旨在保障路桥工程能够顺利完工。

随着我国城市化进程的不断加快，道路交通网的延伸程度也在一定程度上得到了升华，而由此带来的道路桥梁建设工程质量问题以及数量问题也随之增加。社会和公民对于桥梁施工建设的要求也随着路桥建设水平的不断提高而增加。众所周知，桥梁施工是关系着国计民生的一项基础设施建设，其涉及范围非常广，也非常复杂。为了能够有效保障桥梁施工建设质量，并进一步推动我国城市化进程，我们应当对路桥施工工程给予高度的重视。对于路桥施工建设中的相关工作加强管理，并深入地分析路桥施工过程中可能面临的难点及重点，根据实际情况，做出合理的对策，从而确保路桥工程的安全性。

一、路桥工程施工管理现状

道路及桥梁施工工程的整理项目涉及范围非常广泛，在具体的施工过程中容易出现问题，而一旦出现问题就会对桥梁施工工程产生负面影响，甚至还有可能造成桥梁工程的质量问题。如果因为桥梁施工管理过程中出现的问题，而导致我国路桥施工工程由于质量问题难以实现顺利完工，则会给施工单位带来巨大的损失，因此，我国路桥施工企业应当克服各种问题以及不确定因素对于施工工程的影响，现阶段我国路桥施工建设所遇到的问题、困难以及难点主要包括以下几个方面。

（一）资源的不合理配置

资源的不合理配置是路桥施工过程中我们首先遇到的问题，它直接影响着施工工程的进度，甚至还直接影响着桥梁整体的质量。桥梁质量的保障可以说是整个施工实施过程的核心，如果施工质量不达标，既浪费人力，也会浪费财力和物力，可能还会给人们的生命财产带来不可估量的损失。所以我们应当深入地剖析桥梁施工的难点与重点，保证桥梁整体的施工质量。

（二）难以科学合理的控制好施工进程

在现阶段的路桥施工建设过程中，经常会出现延期完工等现象，即使是那些工期较短的工程，我们也难以保障准时完成。究其原因主要在于我国桥梁施工的任务比较繁重，且我国地质情况非常复杂。繁重的工作压力和复杂的地质情况是导致施工工程难以在固定的时间内完成路桥建设工程的罪魁祸首。

（三）资金浪费现象严重

合理的配置资源是路桥工程正常施工的前提条件，在进行路桥施工过程中，如果相关单位想要按时完成工程，就必须进一步优化建设材料的采集工作，从而有效降低施工材料，进一步提高路桥建设的收益。然而，现阶段我国绝大多数路桥工程项目则难以实现科学合理的资源配置，甚至还出现了浪费建筑材料的形象，这种现象的产生在一定程度上增加了工程成本，不利于施工管理。

（四）工程整体出现不稳定因素

在建设路桥工程项目的过程中还有可能面临各种问题，其中最为重要的问题就是设计与管理者可能会根据遇到的问题临时进行设计变更路桥设计图或者设计方案，这在一定程度上导致设计成果同最开始路桥施工建设的设计理念相违背，进一步加大了路桥施工建设的难度，为路桥施工建设埋下了不稳定因素，难以保障整个工程的质量。

二、应对桥梁施工管理的对策

（一）加强工程资料管理建设

工程资料的管理在现代路桥工程项目管理中占据着非常重要的地位。在路桥施工中，我们必须进一步加强对工程资料的管理重视，做好工程资料管理工作，一方面可以做到追根溯源，落实责任人；另一方面也可以为今后的工程提供相应的技术指导，从而进一步提高路桥工程的质量。通过管理相关资料，我们还可以将施工各组织部分有机协调起来，在发现施工问题的时候，及时联系各部门做出反应，进一步提高路桥施工工程效率。笔者认为我们可以通过建立和完善路桥工程施工档案管理制度的方式实施档案资料管理，在日常的管理活动中应当保障资料室的防火、防盗以及防潮的环境要求，充分重视工程资料的管理活动，为工程的有效开展奠定基础。

（二）建立健全质量责任体系

若想保障路桥施工工程的整体质量，就必须建立健全完善的质量责任体系。通过该体系我们可以有效地约束路桥施工整个工程人员的行为。在施工过程中，如果相关工作者发现工程存在严重的质量问题，就应当依据质量责任体系进行追责，从而达到有效约束工程人员的目的。除此之外，我们还应当依照既定的审查流程，定期或不定期地对路桥施工工程进行审查，在路桥施工现场，管理部门应当同参与工程项目的建设人员共同协商，制定科学合理的岗位职责方案，并在此基础上形成项目安全管理机构，落实科学的管理措施。管理人员在日常的管理活动中应当定期或不定期的提醒施工人员，使其能够将工程的质量作为完成工程项目的第一位，严格依照路桥施工标准进行路桥建设。

（三）建立科学完善的管理机制

那么究竟怎么样才能够在预定的工期内，保质保量的将路桥工程完成，是施工人员必须要考虑的问题。施工管理者一方面要着重重视施工者的施工情况，另一方面还要提高施工进度降低生产成本，以提升施工单位的效率。这就需要相关管理者具备一定的管理积极性，笔者认为我们可以通过创设一定的奖罚制度，来进一步提高施工人员的施工积极性，对于那些在施工过程中能够认真工作积极施工的施工人员应当给予一定的嘉奖，并充分发挥此类人员的带头示范作用，鼓励施工人员向优秀者学习，进而提高施工单位的整体工作效率，从而确保施工质量。

（四）实现全程化管理

笔者通过长期的研究与实践认为，路桥施工管理者应当针对每一阶段的施工情况，制订出科学的工作计划，并将科学的计划同实际的施工情况有机结合起来，并以此为依据决定施工的工序以及主要线路。不仅如此，在建设桥梁的过程中，施工单位还应当设立施工实验室，实验人员通过进行实验的方式得出相关数据，以此来确保路桥施工工程的顺利展开。与此同时，为了进一步提高路桥施工工程的整体质量，提升路桥施工工程的建设速度，我们还应当充分发挥验收监理部门的优势，对整个工程进行竣工验收。

（五）节能安全防护管理

现如今节能降耗已经成为了路桥施工领域大家非常关注的话题，很多路桥施工工程企业都在积极开展节能减排工作。例如，开展清洁施工、树立环保理念、杜绝施工造成的建筑污染现象的发生等，不仅如此，也在逐步降低机械使用所带来的能耗。很多企业在选择施工机械的时候，都会充分考虑机械的节能情况，这也在一定程度上调动了机械制造领域制作节能机械的动力。施工企业在施工的过程中积极宣传节能环保知识，进一步提高施工集体的节能意识。在一些容易发生安全事故的场所还加大了安全防范措施，例如容易导致山体滑坡等地区，在施工管理过程中，设立监督能耗小组，定期或不定期地对施工人员的电能、水能消耗进行记录和监督，以此来降低能耗。

随着我国经济发展速度的不断加快，交通运输行业在我国国民经济中的地位也越来越高，且我国道路桥梁在交通运输行业也占据着非常重要的地位，因此，相关部门必须对路桥施工进行科学的管理，不断地创新管理理念，切实提高路桥施工管理质量，保障路桥施工工程能够保质保量地完成，从而进一步提高路桥施工建设水平，为我国经济发展奠定物质基础。

第四节 路桥施工常见病害

路桥施工过程中，会受到多种因素的影响，而出现病害问题，这些病害会对路桥工程造成非常大的危害，也正因为如此，在施工过程中，需要充分做好预防工作，强化对路桥施工病害的分析和研究，然后探讨有效的方案，提升治理的效率。本节就对此展开探讨。

病害问题是路桥施工过程中非常常见的问题和不得不解决的重要问题，在施工过程中，施工单位需要针对性地探讨病害产生的原因及问题，然后做好相应的预防工作，有效避免病害的发生。因此，本节以此为切入点，深入分析了路桥施工常见的病害以及相应的对策。

一、路桥施工常见的病害

从客观表现来看，当前路桥施工过程中存在多种病害问题，这些问题如果不及时有效处理，就会造成非常大的安全隐患。从实际情况来看，在施工过程中，路桥施工病害主要表现为两个方面，第一种为结构性病害，主要表现为路桥路面结构的整体或者某一个或者几个组成部分的病害，一般情况下而言，这些病害并不是非常严重，不会影响路桥的正常应用，但是一旦问题严重了，就可能使得路桥无法达到支撑车辆荷载的情况出现。第二种则是功能性病害问题，从客观情况来看，因为路面不够平整，从而让其不具备预期的应用功能，进而影响了施工的质量。另外，还有其他一些病害，并且会因为区域的不同、环境的不同而出现不同的病害，比较常见的，诸如泛油、滑溜、裂缝、坑槽、松散等问题都是较为常见的病害，这些病害长期存在都会给路桥质量造成非常大的影响，因此在施工过程中一定要给予足够的重视。

二、路桥施工常见病害产生的原因

路桥施工过程中，常见病害产生的原因是多方面的，具体来说，主要表现为以下几个方面。

（一）设计不科学

在设计过程中，由于没有做好地质勘测和资料准备，使得设计出现了一定的误差，而在施工过程中，由于误差的存在，使得施工不够科学，出现结构强度不够或者雨水渗入等各种问题，影响了施工质量。

（二）施工不够合理

在施工过程中由于施工不到位，存在一些问题，进而影响了路桥施工的质量，这样就非常容易引发病害问题。从客观表现来看，在施工过程中，由于桥面铺装不到位，如高程控制不精确、梁体拱度控制不准确、防水层施工不精细、铺装层施工前梁体顶面浮层处理不够彻底等问题，都会相应地造成一些问题的出现。同样的，在预应力混凝土施工过程中，由于混凝土施工配合比调制不合理，或者养护不到位等情况的出现，也会造成裂缝问题的出现。而桥梁外露混凝土也会因为气温和空气情况而出现破会，进而产生破损的问题。

（三）钢筋受到腐蚀

钢筋由于受到腐蚀，使得其荷载效果受到了很大的影响，同时，如果钢筋应用不合理，也都会进一步引起病害问题的产生。深入分析来讲，在实际施工过程中，由于钢筋混凝土结构内部存在氯化物或者混凝土强度不合格等，使得钢筋出现了腐蚀情况，而当钢筋受到腐蚀后，其支撑作用就会受到影响，进而引发连锁反应，出现多种病害问题，影响了路桥的整体结构。

三、路桥施工常见病害的解决对策

（一）合理设计施工方案

有效做好图纸设计工作，在设计开始前，全面对施工项目做实地考察，深入了解当地地质情况以及水文条件等内容，然后调取相应的资料，做好相应的分析和研究，然后做好图纸绘制工作，并交由监理工程师做有效审查，如果存在问题，要第一时间加以解决和修改，待审核合格后，方可再进行施工，从而有效保证施工方案的可行性，最大化降低路桥病害出现的概率。

（二）加强对施工材料的管控

要做好施工材料的配置工作，合理利用先进技术加以管理，严格把控来料，对于配比要严格管理，按照设计要求严格进行配置，让其能够最大化发挥材料的作用，在此过程中，要不断优化材料设备，强化技术和设备的有效支持，从而有效提升路桥建设的有效性。

（三）强化路桥施工质量管控

在施工过程中，要强化路桥施工质量的管控，针对可能出现的病害，做具体的预防和管理，不但要优化技术应用，也需要强化材料的管理过程中，同时，也要合理评估天气变化等因素造成的侵害，相应地制定制度来规范施工，有效约束施工行为，形成良好的施工体系，保证路桥工程施工质量。针对出现的桥面铺装病害，要合理控制梁体施工，降低拱度误差，同时施工前有效处理好梁体顶面、泄水管以及伸缩缝等位置，从而有效降低施工出现病害的概率。而对于预应力混凝土梁裂缝问题，要做全方位的管控，有效检查梁体底模以及支架体系下伏地基，合理控制下沉和变形等问题，同时，要对混凝土施工对配合比、搅拌、运输、浇筑等多个环节进行养护，合理控制砂、石料的含水量，有效控制混凝土的用水量，提升施工的有效性。

（四）做好全面的养护工作

施工人员要立足工程现状，采取科学合理的措施强化对路桥对养护，避免路面出现松散、泛油等病害。同时，对于已经出现对病害加以处理后，施工人员要针对性地进行养护，确保这些区域对问题真正得以消除，从而有效保证路面对抗滑性能和平整度。另外，还要有效改善路面对使用性能，有效保证路桥施工病害处理更加精确和有效，保证工程质量。

路桥施工病害问题非常常见，很多问题甚至是不可避免的。但是在施工中，我们更要强化管控，从材料的选择到施工的开展，再到后期的养护工作开展，都要强化管理，提升对每一个环节的设计和管理，从而提升预防的效果，并对出现的病害针对性进行处理，保证工程质量。

第五节　路桥施工建设中的养护

随着我国社会经济的不断进步与发展，人们的物质生活水平开始不断提升，公路桥梁上的车辆数量日益增加，公路桥梁等建设与养护需要也越来越多。虽然当前我国路桥的建设不断增加，为人们的出行带来了很大的方便，与此同时这些也给我国的公路桥梁建设以及养护问题带来了很大的挑战。因此当前如何高效地解决我国路桥施工建设当中的养护问题成为当前的重点。基于此，本节采用文献资料法等，对当前我国路桥施工建设中所遇到的养护问题进行研究，并针对性地提出了改善策略，以提升我国公路桥梁建设的质量和使用寿命，为人们的出行保驾护航。

我国路桥施工建设的不断发展为我国创造了较大的经济效益。但同时在路桥施工的过程中，必定也会带来一些负面影响。首先外界环境的影响是不可避免的，如果遇到风沙地震等自然灾害，公路桥梁必定会产生很大的损害。其次是一些人为因素，有很大一部分人缺乏爱护公物的意识，对公路桥梁的不正当使用给路桥带来破坏。再加上一些大型车辆违法行驶、超重超载等都会对其产生破坏。因此我国相关部门对公路桥梁的养护工作有了更加严格的要求。在公路桥梁事业的发展过程中一定要做好路桥的养护工作。

一、我国当前路桥施工建设当中所遇到的养护问题

（一）资金投入不足，养护工作难以开展

尽管路桥养护工作也是建设施工当中的一个，但是在很多的路桥施工建设当中，关于路桥的养护工作很少会得到上级的重视，同时也缺少相应维护款项，因为养护资金的匮乏，路桥维护工作就有了很大的经济压力。所以有很多建筑时间较长的路桥，会出现很多的破损，比如车祸后的撞缺、自然的裂纹等现象这些都是不可避免的。然而在资金不足的情况下，路桥的这些现状也就无法得到良好的养护，因此其破损情况会日益严重，这样一来更不利于车辆的行驶。这是一种恶性循环，养护工作不到位，路桥损坏无法修补，将会导致更多的路桥破损。作为一项长周期低回报的项目工程，后续的养护工作也需要很大的资金投入。而当前很多路桥的建设资金，并不能将所出现的问题进行全部维修。再加上还有一些工作人员一级一级地偷工减料，也使得路桥的养护工作更加难以开展。

（二）监管不到位，管理落后

路桥建设的设计到施工这个过程当中有很严格的规定，有些数据甚至精确到了毫米和微克，一旦路桥的建设过程监管不到位，管理落后，车辆稍微超重一点就会对路桥造成很大的影响，并给养护工作带来难题。但是当前在很多的路桥建设当中，由于路桥建设的监管不到位，在不少的桥梁公路建设过程当中，经常会出现一些不合格的施工材料，而使用了这种不合格的施工材料以后，必定就降低我国公路桥梁的质量，给路桥的养护工作带来更大的难度。并且在后续的养护过程当中将会耗费更多的人力物力财力等。

（三）养护体制不健全，偷工减料难以杜绝

虽然当前国家已经对路桥建设工程加大了监管力度，我国的路桥建设管理体制也开始逐渐地完善，但是在实际当中公路桥梁养护体制却很容易被管理人员忽略。如：由于养护工作当中的监管不到位，施工过程偷工减料的现象难以杜绝，这些现象在一定程度上制约了我国路桥养护工作的开展。因此只有建立健全良好的路桥养护体制，才能从根本上杜绝这些问题的发生。

二、完善路桥施工建设中的养护策略

（一）加强监督管理工作

为了避免路桥养护工作中偷工减料的现象出现，相关部门应该加强对养护管理工作的监督。监督人员应该实时地对施工过程进行监督管理，一旦发现问题马上处理。路桥养护工作的管理人员应该每天对路桥工程进行检查，并将检查结果实时记录下来，为以后的排查工作提供方便。另外安排专门的检测人员对路桥进行定期的巡视，将路桥工程中任何可能出现问题的地方都详细监督，防止任何安全隐患的出现。最后，在养护工作进行的过程中，对养护材料进行监督管理，防止一些不满足要求的材料进入养护现场，提高我国路桥建设的质量。

（二）建立健全路桥养护管理制度

针对当前我国路桥养护工作当中的管理制度缺乏的问题，由于各个地区的管理标准以及养护标准不同，因此工作当中缺乏一套完善的管理体系。一套健全的管理模式和管理制度可以减轻路桥养护工作管理人员的工作压力，还能使相关的规章制度得以完善。比如推进路桥养护档案工作制度，全面收集路桥工程的信息资料，从设计到施工到竣工再到后期的养护工作，都要做好详细的整理，拥有了详细的路桥资料可以使管理上更加方便。因此政府相关部门应该从基础的制度入手，进行全面系统的分析，为路桥养护工作建立一个良好的管理制度，保证路桥养护工作的顺利进行。

（三）加大路桥养护工作的资金投入

想要从根本上解决路桥养护工作的问题，就应该从资金问题入手。首先要应该让路桥管理人员认识到公路养护工作的重要性，使其加大对路桥养护的资金投入，推动路桥养护工程建设。这是工作正常运行的基础条件。这更需要政府财政资金的支持。政府应该发挥其主导作用，在可持续发展的基础上投入适当的资金，以对路桥养护工作进行专业的指导，加强对路桥养护工作的管理力度，安排专业的工作人员进行监督管理，保证资金的落实，防止资金的挪用。

（四）提高路桥养护人员的专业能力

路桥养护部门应该注重工作人员的能力，从路桥养护工作的实际要求出发，培养高素质的养护工作人员。请专业的路桥养护专家来进行面对面的技术指导，定期组织养护工作人员进行技术培训，对养护管理人员的管理能力以及综合素质能力进行提升。建立一支高素质高技术的路桥养护队伍，使路桥养护的各个阶段各个关节都得到可靠的保证。

（五）提高路桥养护资金的利用率

在上面解决当前路桥养护资金不足的问题之后，工作人员必须在增加养护资金的基础上，努力提升路桥养护资金的使用效率，让金钱发挥它的价值。首先路桥养护工作人员应该从客观的角度出发，以促进交通事业的发展为目标，以为社会人民的生活提供便利，服务于社会为主导思想。向相关路桥建设企业、路桥养护部门等开展宣传工作，得到他们的认可，激发社会群众的爱心，保护路桥的建筑设施。另外还要从全局的角度出发，对路桥资金进行合理的规划，可以取出一部分资金用于提升路桥养护人员的技术能力等，最大程度上发挥路桥养护资金的功能，从根本上提升路桥养护工作的工作效率。

路桥的养护工作是后期对路桥施工质量的保证。想要使路桥施工建设中的养护工作顺利进行，就应该加强对路桥施工的监督管理工作，建立健全养护管理制度，加大资金投入，实现路桥资金投入的利用率。从根本上认识到路桥养护工作的重要性，并及时地完善路桥施工建设中的养护策略，可以更好地实现路桥建设的经济效益，提高我国公路桥梁的质量，并为人们的出行提供安全可靠的保障。

第六节 路桥施工的防水层质量控制

近年来，我国路桥施工建设取得了快速发展，有力地促进了社会主义现代化建设。如何确保路桥施工的质量问题已经发展成为人们关注的重点问题，尤其是关于路桥施工的防水层质量问题，因此，强化路桥施工的防水层质量控制显得尤为重要。本节就立足于影响路桥施工防水层质量主要因素的基础之上，对当前路桥施工防水层质量存在的问题进行了分析，并提出了加强路桥施工防水层质量控制的相应措施。

伴随着社会的发展和进步，更加重视路桥等基础设施的质量问题，特别是路桥施工的防水层质量问题。由于路桥施工的防水层质量直接影响到路桥的寿命以及路桥的质量，因此，强化路桥施工的防水层质量控制显得尤为重要。笔者就对路桥施工的防水层质量控制进行了简单的分析和探讨。

一、影响路桥施工防水层质量控制的因素

简而言之，影响路桥施工防水层质量控制的因素主要包括以下几方面：

（一）防水层施工材料的质量

防水层施工材料的质量会直接影响到路桥施工防水层质量。这主要是因为防水层施工材料的质量会直接影响到路桥是否能够承受长期负荷。因此，采用质量达标的防水层施工材料显得尤为重要，这样就可以最大限度避免渗水破坏对路桥结构所造成的影响，从而也就增加了路桥的使用寿命。除此以外，防水层施工材料的优劣不仅和混凝土桥面腐蚀现象密切相关，而且会直接影响到路桥桥面的稳定性。

（二）路桥施工管理的质量

纵观当前部分施工单位，在施工环节中都未严格按照设计部门所设计的方案开展，而且对施工技术未进行严格的规范，从而就对防水层施工质量产生了严重影响。此外，对防水层施工后期的管理以及养护相关的工作很少顾及，对防水层的使用寿命以及防水层的质量带来了不利影响。

（三）路桥桥面的质量

通常情况下，在对路桥的表面进行涂料搅拌的时候，倘若未均匀地对涂料进行搅拌，而且没有未清理水泥混凝土的桥面，这样就会导致路桥桥面出现粗糙的状况，从而就会对路桥桥面和防水层相互间的粘合力造成破坏，极大程度上破坏了沥青桥面的铺装质量，对桥面的防水性能造成了严重影响。

二、当前路桥施工防水层质量存在的问题

近年来，随着科学技术日新月异，极大程度上提高了路桥施工质量，但是仍存在一定的质量问题。例如桥面混凝土层的标高不均匀、桥面低洼不平等，导致防水粘层出现堆积以及沥青层的厚度离析，与此同时，还需要对沥青集料以及厚度进行相互匹配，凭借正常的辗压方法来保证压实度。从桥面的铺装层方面来讲，沥青铺层和桥面板相互之间的黏结具有重要的作用。这主要是因为黏结层的施工建设不仅仅发挥承上启下的作用，而且对桥面板具有较强的防水保护作用。在施工的过程中，倘若对黏结层造成破坏就会导致桥面层和铺装层造成独立，从而铺装层就会因失去和桥面板之间的连接从而承受更大的压力，导致各种破坏现象的发生。倘若路桥施工的桥面受到了破坏，这时就需要立即开展开膛破肚的施工，从而就会出现路桥施工无法根治的不良后果。因此，加强对路桥施工的质量控制迫在眉睫。

三、加强路桥施工防水层质量控制的措施

（一）逐步强化防水层基层的质量控制

一般而言，防水层基层质量控制属于整个工程质量控制的重要体现，从而防水层质量的状况会直接影响到路桥施工质量的基础工作。所以，在开展路桥防水层施工之前，就需要施工人员确保防水基层施工处理都能够满足相应的标准。与此同时，确保防水层表面平整、无沙砾、无渗水等现象也是很有必要的，以便保证含水率能够达到相应的标准。此外，对于卷材防水层的施工，应该尽量将基层处理剂控制在半天时间内完成。

（二）建立健全防水层质量控制管理体系

一般而言，要想强化路桥施工中的防水层质量控制，具备完善的防水层质量控制管理

体系是很有必要的。具体来，明确施工单位的岗位职责，努力打造出一支综合素质较高且具备较强执行力的施工队伍，而且要重视对施工管理人员的教育和培训。与此同时，科学地制定施工队伍的各项规章制度也是很重要的，不断强化工程施工环节中的质量控制，以便立足于严格施工质量管理体系下实现对工程施工质量的有效控制。

（三）强化防水层防水材料的质量控制

众所周知，防水材料是防水层施工环节中最基础的材料，从而就要求在开展施工之前，对施工材料进行质量把关是很重要的，也就是说，对于在施工活动中所用到的材料的质量都应该进行严格的把关。比如说，在使用防水施工材料之前，就需要相关的施工人员依据所制定的质量标准来对所使用的防水材料的强度等性能进行认真地抽样和调查，从根本上来对防水材料进行控制。

（四）强化防水层施工工艺的质量控制

根据涂膜防水层的施工，要想强化防水层施工工艺的质量控制，需要达到以下几方面要求：首先，对基面进行清理，确保路桥基面没有沙砾、掉角等状况，同时在涂膜之前一定要保证基面的湿润，而且应该确保路桥基面的平整和坚实；其次，对于防水层的内部施工以及增强层都应该严格依照相应的规范要求开展施工，以便保证防水层表面坡度的准确性，同时保证桥面基层和管道相互之间的严密性也是很有必要的；再次，对于所有的材料在进场的时候，都应该具有相应的产品合格证明，严格检查相应的检测报告，对材料进行抽样调查后，才可以投入到施工中。

总而言之，伴随着社会的发展和进步，更加重视路桥等基础设施的质量问题，特别是路桥施工的防水层质量问题。因此，加强路桥施工的质量控制，特别是路桥施工中防水层质量控制迫在眉睫。从而就需要我们正确认识影响路桥施工防水层质量的主要因素，从逐步强化防水层基层的质量控制、建立健全防水层质量控制管理体系、强化防水层防水材料的质量控制以及强化防水层施工工艺的质量控制方面来加强路桥施工的防水层质量控制。除此以外，还需要我们紧跟着时代发展潮流，逐步对路桥施工的防水层质量控制进行创新和改革，不断提高路桥施工的质量，以便将更优质的路桥设施服务提供给社会公众，提高社会满意度。

第七节 路桥施工中过渡段的施工

桥梁建设数量增加，桥头过渡段也随之增多，其施工质量不过关会对过往的车辆的正常通行造成阻碍，影响车内人员及货物的舒适性和安全性，更会对桥梁的见着质量造成很大程度上的威胁，降低路段与桥梁的使用寿命。如何才能确保路桥过渡段质量，这对面临的问题进行相关策略和实施方案的制定，是工程施工设计者及全体施工人员一直在重点关注和努力进行研究课题，目的是想以合理、科学的方法解决出现的问题，提高路桥建设的质量及其实用性，保障过往车辆能够平稳地顺利通行。

一、路桥过渡段路基路面施工常见病害分析

公路线形标准高，桥头引道路堤高，极易产生沉陷和变形，出现桥台与引道错台、桥台路基下沉、路面裂缝、不平甚至积水等病害。这些病害使快速行驶的车辆颠簸、振动、跳车产生噪音。要解决这一问题，必须先找出病因。上述问题的根本原因是路桥过渡段沉陷造成的。由于路基与桥台的刚度差异悬殊，路基填料固结程度差，强度相对较低，使二者产生刚度差。其原因主要是在施工过程中，由于路桥过渡段的位置特殊，压路机难以碾压到位，导致桥台后的填料不易压实，造成部分填土下沉。

二、路桥过渡段路面施工技术要点

设置搭板：搭板的设置，在搭板长度 L 范围内，在车辆荷载作用下，路面的弯沉逐渐变化，但这种方法给实际施工带来很大困难。第二种方法是采用预留反向坡度，即搭板与桥台连接处标高一致，而与路面连接端则高于设计标高，形成一个预留的反向坡，坡度大小根据路桥之间的沉降差而定，此法的关键在于考虑路线纵断面平顺的前提下，确定沉降差和预留反向坡度。

台后填筑：桥梁两端路堤沉降由地基、路基、路面三部分压缩变形组成。其中，地基的压缩变形由路基路面的恒载和车辆荷载引起，填料的压缩、固结、次固结引起路基路面结构层因行车作用而被压缩。对于面层，若搭扳 E 和桥面上的面层结构和厚度相同，则不会产生沉降差，因此搭板上和桥面上应采用相同的面层结构和厚度。对整个台背填筑从地基开始应采取适当的加固措施，采用砂性土、沙砾、碎石土填筑，必要时用石灰或水泥进行稳定处理，也可采用半刚性材料填筑，以此减少路基工后沉降，同时相应提高压实度要求。台背回填的压实质量是影响台背路基沉降与跳车的一个重要因素，台背回填因位于台背这个特殊位置成为碾压的一个薄弱部位，压路机难以碾压，且机械振动力太大时，对台墙有影响。因此，台背回填处的压实宜选用小型压实机具，分层压实厚度宜薄，一般应在 10～15cm 范围内。

地基处理：处理好桥背软弱地基是控制桥头跳车的重要措施。对软基处理目前国内已有换土法、超载预压法、减少附加应力法、排水固结法、深层搅拌法和高压喷射注浆法、振动碎石桩法等处理方法，可以根据实际情况应用以改善地基性能，提高承载力，减少沉降，缩小桥台与路堤的沉降差，避免错台。修建在软土地基上的桥台通常采用桩基础。如果在相当厚的软土层修筑高路堤，则软土会因回填材料的质量而向侧向挤动并对基桩施加很大的力。其后果是使桥台产生水平位移或转动。这将损坏支座、伸缩缝有时还会损坏桥面和桥台。为了避免不正常的位移的出现，必须减轻回填材料或者增强地基土，或用基桩

达到抵抗侧向流动的强度。

台背排水：在路桥过渡段如果排水处理不当，会使水沿桥台路基连接处下渗，降低路面结构层的稳定性，路基和地基的稳定性，加剧错台和跳车。因此应根据台背填料类型、降雨资料及渗水量等选择适宜的排水方式，以疏干台后填料的水分。台背路基填筑前，在原地基土拱上也设置泄水管或盲沟。在台背后全宽范围内满铺一层隔水材料（可用油毡或下垫尼龙薄膜上盖油毡）。在地沟内四周铺设有小孔的硬塑料管（塑管直径一般不小于10cm。其上小孔孔径为5mm，布成梅花形，间距控制在10cm以内）。塑料泄水管的出口应伸出路基外或桥头锥坡外；在硬塑料管四周填筑透水性好、粒径较大的砂石材料；再分层填筑台后透水性材料，直到路基顶面。横向盲沟的设置与上相同，取消泄水管，以渗透系数较大的透水性材料填筑地沟（加大粒径碎石）。用土工布包裹盲沟出口处，并对其作必要的处理。有时视需要可在台后填方中设排水垫层。桥台背面应设置防水涂层以避免渗水对结构物的侵蚀。对于回填区顶面与底面排水，回填表面应夯实并设置截、排水设施，必要时表面予以封闭，以减少地面水下渗。

二、过渡段施工应注意的问题

填料控制：填料应采用洁净填料，中间无有机质及泥块，填料级配良好且含水量符合最优含水量控制范围，施工中每运至现场填料，随时进行取样试验，当含水量过大时，可采用翻松晾晒处理或加入含水量较小的填料现场均匀拌和。

施工控制：施工中严格控制填筑尺寸，避免其它填料侵入到过渡段，同时保障各相接部位压实到位，各种填料在拌制运输中防止自由落体运动，避免出现离析现象，已运至现场填料台出现离析应在施工现场重新拌和，现场拌和时应注意拌和深度，不能在底部留有未拌和夹层，同时又不能破坏下承层表面拌和应均匀，其均匀标志为混合料色泽均匀，没有灰团、灰条和花面现象，没有粗细颗粒富集。

厚度控制：根据填筑尺寸和松铺厚度计算其所用填料车数，均匀倒土，粗平后采用挖探坑或水平测量仪检查其填筑厚度，局部低洼处人工找平，避免碾压后薄层找平，采用宁刮勿补原则施工。

路桥过渡段的建设是交通线路网络建设中的一个小环节，但却是一个不可忽视的重要环节，其重量影响着车辆通行时的稳定性，是关系到公路网络建设质量的关键因素。通过研究可以得知，其主要的发生原因是在建筑施工中技术出现误差及建筑材料的不适合而导致的，这就要求建筑施工者应从这两方面进行着重处理，采用适合的合格建筑材料，并能够优化路桥施工设计及施工技术。并以科学的手段应用到工程施工中去，这样才能保证路桥过渡段建设的稳定性及其可靠质量。采取专业施工技术进行施工的基础上，应对其施工环境进行合理分析和论证，对桥梁建设的地理位置、地基土层情况及气候变化情况等进行充分的考虑和分析，进而采取相应措施是桥梁工程施工进行适应和改善，保证路桥的建设质量，推动交通线路网络的发展和完善。

第二章 路桥施工技术

第一节 三维动画与路桥施工技术

为探索3DCG动画技术在施工技术传承的实际应用，通过对样本工法技术进行分析，针对水夯帮宽加固路基施工工法，设计了一套动画制作的流程，形成思路。将整个流程划分阶段，综合运用多重软件，解决了以往施工企业新员工入职后，所学知识与现场施工脱节的问题，为后续员工技术交底提供了案例启发和技术示范。

一、动画在施工中的应用情况

（一）CG动画概述

CG动画即为Computer Animation（计算机动画），是指借助计算机绘制动画的技术，其借助计算机模拟空间信息，及模型物体运动，最终实现动画效果，具有表现清晰、直观易懂，效果真实的特点，通常分为2D动画与3D动画。

（二）2D动画与3D动画的优势简单分析

2D动画采用平面模型，没有复杂的纹理，故视觉上更为简洁，容易突出主题。但是对于模型构件的细部无法深入了解。

3D动画可以再现施工场景，逼真的还原工程项目周边环境、设备、结构物等现场实际情况，使观者可以有一种身临其境之感。但是相对于2D动画而言，其建模复杂，制作费用高，制作周期长。本节主要从3D动画着手。

（三）CG动画对施工技艺传承的优势

传统的技艺传承需要刚工作的消耗同事大量时间去消化大学中学到的理论知识，与现实结合。理解施工图纸信息等等。

而通过观看浏览工序施工动画，可以极快的了解整套工序，每一步要做的目标，达成条件等等。

（四）CG 制作软件

单纯的 3D 动画软件有 3DS MAX、MAYA 等等，涉及 BIM 后，更是有 Microstation、Revit 等软件。

二、实际工程中的应用过程

（一）前期规划及准备

确定设计方案以后，需要项目组成员反复讨论、沟通，最终拟定出动画剧本。根据该工法的施工流程，从动画设计角度可划分为 8 组镜头，每组镜头表现施工过程中的一个环节。按照重要程度在时间上分配镜头时间，如在设置透水软管、撼砂注水、机械振捣夯实等。在画面表现上，根据不同的工作进程，灵活采用了摄影机拉近、推远，以及俯视、平视、仰视等不同视角，以表现不同的场景和对象。总之，整体规划体现出主次分明、重点突出、灵活表现的设计思路和风格。

（二）场景搭建

首先根据工法中的施工流程提供的信息，参照最后部分的示意图，以真实尺寸在 3D 空间内搭建设计模型（包括机械设备、填筑材料、道路结构层、结构物）。

（三）绘制模型材质及贴图

建立好模型之后，我们需要根据不同属性的物体，赋予模型相应的贴图及材质，以符合后期实际渲染的需要。

（四）镜头路径及分镜设计

镜头设计的决定了你制作出最后成品动画的观感好坏。针对公路工程，我们可以从以下几个方面设计镜头语言。

机械，按照施工流程中所涉及的机械设备为其设计一个通览镜头效果。

工程地质概况：以旋转围绕的方式，对施工前工程地质状况做简要飞行。

（五）生长动画设计

生长动画优势在于展示全貌，在现场施工过程中，生长动画可以让人很好的理解复杂结构物的建立过程，从无到有清晰的解构来龙去脉，从而颗理清清施工工序。所以理清工序操作流程，对于制作工程生长动画来说尤为重要。

以示例为例：首先进行机械挖槽，然后用振动夯对基底整平、夯实。

由于要实现生长动画，所以模型的运动部位需要精细化，比如上面提到的机械挖槽部分，挖掘机铲斗及动臂就需要精细建模（特写）。

挖槽：按照节奏设定贴图模型从上至下消失。在软件中我们分别对其中每一关键帧 K

设置，对透明度、颜色、材质贴图等变化做好记录。实时渲染单帧，确定是否达到了自己所要的效果。

夯实：所涉及的机械为平板振动夯，在土层被铲斗"挖除"后，设置振动夯上下振动，直观展示此道工序内容。

（六）后期合成与编辑

将渲染输出的动画以 TGA 序列图片格式导入到 After Effects 软件中，新建合成组后，设置好参数，然后将序列图片动画导入合成组，最终渲染生成完整视频。后期根据需要用 PR（Adobe Premiere）为视频添加旁白解说，在合适的位置添加文字说明，背景音效以及各镜头之间的转场效果等等。

（七）整体 3D 模型的深入应用

基于三维模型，在施工方案的成立前，可以使负责施工组织编制的专业施工人员对有交叉施工的地区的真实情况，有一个直观的了解，提高工作效率和施工方案准确性，降低返工率，在实际施工时可以避免因施工方案中不允许的准确性和交叉作业的影响和安装的问题，以及其他缺陷的安全风险，这样我们就可以缩短施工周期，降低施工返工，又提高了施工质量和安全。

3D 动画模型在实际的施工中也是必不可少的，在技术交底施工前可以更直观、更清晰、更准确的表达内容，帮助施工人员了解设计意图及施工方案要求，受交底人员可以减少对设计意图和施工方案的理解，提高施工质量和安全。

本节基于水夯帮宽加固路基施工工法动画实际项目，对施工企业三维动画制作思路与流程进行了研究与探索，将 CG 动画制作的过程分为前期规划、中期制作和后期合成三大阶段，以 3D MAYA 软件为核心，并综合运用 AfterEffects、Premiere 等多种软件，探索出了一套效果良好并切实可行的一套工法动画制作流程，制作出了长约 1.5 min 的动画短片，对企业今后对新员工技术培训、指导传承等方面起到了至关重要的作用。

第二节　路桥施工预应力技术

城市发展促进道桥建设发展，在路桥建设中普遍应用预应力技术，应保证技术实施质量与效率。由于实际建设中存在影响预应力技术的因素较多，如堵管、工艺不精准、估算材料不正确、体外预应力等，应针对因素制定防治措施。本节围绕预应力技术应用易出现的问题、应用路桥施工建设、实际存在的问题、解决策略开展了研究，为施工企业提供建议。

道桥建设质量决定交通运输业的发展，应保证每个环节建设质量，而保证质量的核心因素施工技术，特别是预应力技术，具有程序复杂、难度较大的特点，需要技术人员严格依照技术规范操作。预应力技术普遍应用于道桥建设中，具有减轻桥梁本身结构重力、刚度大、行车舒适等优势，受到施工企业的注重。

一、路桥施工中预应力技术概述

路桥施工预应力技术是指对主要结构内相关构件受拉模块中的钢筋部件加入预应力，增强构件刚度的技术。主要结构为混凝土，加入预应力技术形成预应力混凝土构件，增强混凝土抗压能力后有效解决抗拉强度存在的不足，混凝土受拉区域开裂延迟，保证建设质量。路桥施工应用的混凝土与钢材强度较高，混凝土抗拉裂能力、刚度、抗渗性、抗疲劳性有效增强，节省混凝土与钢材材料的同时，构件结构截面尺寸、构件自重、混凝土挠度下降，避免混凝土开裂。可见，建设路桥时应用预应力技术实现混凝土裂缝出现时间延迟、混凝土结构持久性增强、保障经济效益、提高美观与轻巧度、增加使用寿命。

二、预应力技术在路桥施工中的应用分析

（一）应用于路桥面施工

路桥面施工中广泛应用预应力技术，技术原理为配置预应力钢筋约束混凝土路面，延缓甚至消除裂缝。应用此技术之前，应深处研究交通荷载、湿度、温度等变化对路面混凝土板翘曲的影响，根据研究结果制定合理化的纵向预应力，防止发生混凝土收缩与断裂的产生。

（二）应用于路桥混凝土构件

混凝土工程建设中，裂缝问题是通病，特别是道路桥梁建设，裂缝问题极易发生，加入预应力技术可降低裂缝发生率。在路桥钢筋混凝土结构加载前，在受拉区域提前加入压力，即在受拉部位应用钢筋张拉，利用钢筋自身具备的回缩能力先受到钢筋实施的压力。混凝土构件遇到外荷载拉力作用时，必须将受拉区域存在的预压力抵消，最大程度限制混凝土伸长延迟、缩减裂缝产生。比如佛山魁奇路东延线项目预制小箱梁以及盖梁均采用预应力钢绞线受力的形式。

（三）应用于路桥加固施工

道桥建设中必须实施加固措施保证稳定性，针对桥梁主要承重部分运用补强、改善结构性能、提高承载能力的方式达到加固目的。加固的重点放置于改善结构性能、增加构件刚度与强度，应用预应力技术可有效增强构件承载能力、改善整体结构性能、道桥承载能力、使用性能有效恢复、增加使用寿命。对薄弱构件处，采用辅助材料提高刚度与强度，降低构件实际荷载，达到加固要求。

（四）工艺问题

现浇大跨度预应力连续箱梁底板预应力速时，普遍应用的是预应力超长速一端张拉工艺，可利用一端张拉方式实现一速钢绞线拉直的工艺。国内外对预应力桥梁跨度的规范标准都很严格，需要达到30m以上，并应用两端张拉工艺实现抵抗弯矩的目的，增强荷载抵抗力。目前，我国桥梁建设具有跨多、孔道长的特点，连续箱梁为3-5跨，跨与跨之间为30-50m，需经试验后确定摩擦阻力。比如在建的佛山南庄大道东延项目边跨现浇段就采用的预应力钢绞线受力的形式。

（五）应用于路桥受弯结构

路桥受弯结构中应用预应力技术，具有施工简单、较高强度碳纤维优势，已普遍应用于道桥建设中。促进碳纤维发挥作用的因素是混凝土应变能力加大，如果最初产生过大应变力，碳纤维预应力程度会受到破坏，无法充分发挥碳纤维强度的作用。所以，在粘贴碳纤维片材料时可同时加大预应力，增强拉应力，充分发挥出碳纤维强度的作用。

三、预应力技术在路桥施工应用中实际存在的问题

（一）产生裂缝

路桥施工作业中经常发生裂缝问题，是由温度差异导致混凝土热胀冷缩，混凝土预应力构件发生裂缝，特别是钢筋混凝土裂缝问题极易发生，影响建设质量。

（二）波纹管堵塞

波纹管堵塞是降低预应力技术质量与效率的重要因素，因施工人员定位不准确、未规范施工导致波纹管弯折扭曲、套管接头松动等问题，引发波纹管堵塞。波纹管还会发生局部破裂的问题，是混凝土浇筑作业中，振捣操作失误而引发，若未及时更换，混凝土水泥浆渗透至波纹管中，导致波纹管堵塞。另外，波纹管质量低下也会引起混凝土水泥浆露入波纹管中，造成堵塞。

（三）孔道堵塞

路桥建设中，抽芯施工中的抽芯时间决定着预应力钢筋的通过。若混凝土凝固之前抽芯，会引发孔道堵塞、塌陷问题；若抽芯太慢，会拔断橡胶抽，导致预应力钢筋无法通过，影响张拉效果，影响灌注施工质量。

（四）后张预应力结构中控制张拉力

张拉力施工要求有效控制预应力筋伸长量，校对张拉力，一般张压力的计量为1.5级油压。而实际张拉施工时，每一束张拉力具有差异化，无法准确计算伸长值、规范取值弹性模量，伸长量控制困难，影响整个施工建设。

四、预应力技术在路桥施工应用中解决存在问题的策略

（一）改善管道不畅

管材质量是决定管道畅通的因素之一，施工管理人员应与技术人员共同监督管材质量，避免质量低下的管材应用于建设中。若实际施工中发生堵管或者是漏浆问题，应及时处理。技术人员应对预应力筋曲线坐杯正确计算，实施开孔处理管道。在40m以上的多波预应力筋中应用真空灌浆，另一端灌处水泥浆，可最大限度达到灌浆饱满要求。另外，管理人员应加强现场施工管理，保证施工人员的施工质量，避免发生定位不准确、未规范施工的问题发生，避免堵塞问题发生，促进工程建设质量。

（二）防治预应力筋张拉的伸长量

预应力筋张拉伸长量直接影响钢筋施工后期质量，设计人员计算伸长量时，必须采取实验方式获取准确的实际测量数据。预埋钢筋管理时，技术人员应严格依照设计图纸标注的位置预埋、固定钢筋管道，特别是弯曲的位置极易发生管道堵塞，技术人员需加以注重。管理浇筑时应认真检查管道是否发生偏移问题，及时发现及时处理，保证建设质量。

（三）保证张拉及灌浆

预应力技术应用中，关键环节是张拉与灌浆，灌浆计量决定着张拉应力指标，保证准确的灌浆计量，张拉应力指标才可达到标准要求。灌浆时应采用专业技术实现浆体饱满，保证灌浆质量。

（四）运用优质材料

运用于预应力技术中的工程材料较为繁杂，在应用材料时，应做到以下几点：首先，控制材料质量。材料质量决定着预应力技术施工质量，质保人员、管理人员应在材料进入现场前检验材料质量，避免质量低下的材料应用于建设中。另外，还应为材料准备良好的储存环境，避免材料受到湿度、温度等影响，使材料质量受到严重影响，应用于建设中，降低建设质量；其次，严格控制梁体混凝土龄期。对混凝土龄期严格控制是因为梁体在张拉前对混土强度有较高要求，还要避免梁体产生过早的张拉。技术人员在施工时应严格依照设计图纸、施工规范操作，每一道工序应加强预应力技术质量，保证每个环节施工质量。

（五）重视孔道预留及应用锚具

在预留预应力筋孔道位置时，技术人员要严格依照图纸要求确定位置。预埋钢垫板时，应与孔道中心线呈互相垂直。固定安装管道时，应运用定位钢筋材料，避免在浇筑期产生位移问题。锚具的应用大多数应用于公路桥梁结构截面产生了受限问题，应用时严格要求锚具尺寸，若自身几何尺寸更改，会产生无法保证锚固性问题，整个工程的稳定性受到严重影响。所以，施工人员在选择锚具时，必须根据图纸要求，选择适合工程的锚具尺寸。

综上所述，路桥施工中，预应力技术的应用可加固路桥梁，却存在较多因素影响预应力技术施工质量与效率，应针对问题制定相应的解决重力，保证预应力技术顺利开展，促进整体工程建设质量的提升。

第三节　路桥施工中桩基加固技术

在我国路桥工程项目的施工进程中，为了更好的保证项目的施工质量，往往都会选择应用桩基加固技术，从而有效的解决路桥项目建设过程中可能会出现的各类桩基构建的缺陷问题，从而实现我国路桥工程的健康发展。本节便从路桥施工中应用桩基加固技术的价值、路桥施工中的桩基加固技术和路桥施工桩基加固技术的应用案例三方面详细的讨论了如何在路桥项目的施工中更科学的应用桩基加固技术。

一、路桥施工中应用桩基加固技术的价值

在我国路桥工程项目的施工过程中，其中一类应用的较为广泛的施工技术就是桩基加固技术，其具体的工作原理为：在钢筋材料一端的碎石孔中灌注桩基混凝体，水泥液体在其内部会出现不断的扩散和下渗的现象，那么桩基每一个部位与钢筋、水泥浆和碎石之间的黏合度就会随之得到提升，从而进一步的提升了路桥项目结构主体质量的稳定性和可靠性。在路桥工程的施工过程中，应用桩基技术主要有两个方面的优势：首先，应用加固技术能够很好的提升路桥桩基结构的整体承载力，根据项目的实际情况和具体特点在桥梁桩基的附近区域有针对性的灌注混凝土，增加桩柱的原始直径，从而提升其承载能力；其次，保证了桩基具备更加优异的防摩擦效果。应用桩基加固技术增加了桩柱原始直径的，而同时还应该对已经灌注完成的混凝土进行凝固和压实等施工作业，这样在桩基周围就能够形成一层稳固结实的保护层，提升了桩基侧面的防摩擦能力。

在项目的施工过程中，施工单位如果没有科学的应用桩基加固技术或者为了降低成本而不采用这一技术，那么路桥项目施工的整体质量就一定会受到影响，施工中可能会出现大面积的沉降问题，还会降低路桥桩基结构的稳定性，大大地影响路桥桩基施工的技术水平。因此，在路桥工程的施工进程应科学合理的应用桩基加固技术，相关人员应严格的遵循具体的施工操作流程，在考虑到桩基连续结构特性的基础上进行加固的作业，充分的提升桩基结构的整体承载能力。应用桩基加固技术能够有效的避免出现大面积沉降的问题，提升了各个桩基之间的平衡能力，也能够较好的保证施工企业的经济效益和社会效益。

二、路桥施工中的桩基加固技术

（一）微型桩加固技术

作为我国路桥工程项目施工过程中的一类常见的技术形式，微型桩加固技术的施工基础实际上就是钻孔技术，在项目的施工准备阶段，建设单位的相关人员会提前对施工现场的地质条件和实际情况进行考察，而在全面掌握了路桥桩基地质具体位置以及自身特点的基础上，我们就能够及时得到相应的技术数据，从而对钻孔施工的作业情况进行科学的安排，具体来说，钻孔技术主要有两种常见的形式，即干成孔技术和循环泥壁成孔技术，而这两种技术在施工过程中是存在着一定的区别的。在干成孔这一技术的施工过程中，施工人员一定要将孔中的杂物清除干净，之后才能够将钢材材料置入到孔中；而如果采用的是循环泥壁成孔技术，那么施工人员应先对施工的具体环境进行详细分析，并对施工现场进行有针对性的处理，确保施工现场的各项参数能够满足这一技术施工的具体要求。如果钻孔的孔径过大，那么就应就要结合钢筋笼施工技术一起作业，如果钻孔的孔径较小时，建议共同应用单根钢筋施工技术。进行压力灌浆的施工作业时，施工人员应依据相应要求将碎石投入到桩基孔中，碎石的直径在13cm左右，之后再将一定量的水泥浆注入进去。同时在这一过程中还要科学的应用套管技术，保证施工过程中的压力范围在0.4MPa左右，施工完成后，工作人员才能将套管缓慢拔出，确保浆液在孔中是溢满的。

（二）路桥桩基其他加固技术

在我国路桥项目的施工过程中，除了常见的微型桩加固技术，体外预应力加固技术也是一种应用的较为普遍的桩基加固技术，这一技术应用的核心内容就是要全面的掌握桥梁项目的各类参数，以原有的结构作为基础，来有效的降低加固的施工量。而这一技术也具有自身的优势，其现场的稳定性较强，并且施工过程中能够随时检查路桥项目的实际情况，后续进行维修和养护工作也较为方便，常见的体外预应力加固技术主要有以下两种：（1）钢索加固技术。这一技术的工作原理就是在桥梁的施工过程中采用钢绞线和预应力钢丝束沿着基本的线形进行作业，以张拉的方式来有效的处理桥梁肋部的预应力，为保证钢绞线处在合理的位置上，在施工的过程中应对梁底的参数进行科学的设置；（2）下撑式预应力拉杆加固技术。这一技术主要包括三种形式的加固技术，即直线式加固形式、折线式加固形式和混合式加固形式，需要加固处理桥梁斜截面的抗剪承载力时一般会采用折线式的加固技术，而需要处理正截面抗弯承载力时则会采用直线式的加固技术，混合式的加固技术一般用来加固处理路桥的正截面。应用体外预应力加固技术时要重点做好转向块的焊接工作，确保其能够有效的传递预应力，同时施工中应避免出现锚具的失锚问题，为更好的对其减振，可在松套和轴具之间安上弹簧垫圈。

（三）应用桩基加固技术时应注意的问题

首先，要保证施工图纸的设计质量，在正式进行施工作业前应对设计图纸进行严格的审核，当发现设计问题时应与相关人员联系并督促其改进图纸；其次，应重点做好技术交底工作。向所有施工人员清楚的讲解施工过程中的重点和难点问题，保证每一位施工人员都明确的知道这项技术的关键环节；最后，要科学的管控施工原材料，综合考虑价格和质量等因素的影响选择最具性价比的原材料，进场前应保证原材料的各项参数都是符合国家相关的规范要求的。

三、路桥施工桩基加固技术的应用案例

（一）路桥施工桩基加固技术的具体应用案例

以我国某大桥工程项目的施工为例，在施工的进程主要应用了钻孔灌注桩基础技术，用钢尺测量的方法准确的确定桩基应设置的实际位置，这一路桥项目的桥梁可分为左右分幅的状态，路基的宽度约为42m，地质结构相对来说更为复杂一些，主要有河槽、盆地和中低山等地质结构，气候条件是混合式气候类型，施工中容易出现侵蚀和沉积等问题，夏季施工时空气湿度很大，那么施工单位在施工中选择应用桩基加固技术，从而提升桥梁结构的稳定性，以保证路桥项目施工的整体质量。

（二）路桥桩基加固技术

应用这一技术时，我们应重点做好以下几个方面的工作：（1）施工准备阶段的各项工作。应用桩基加固技术前，具体负责这一工作的人员应重点做好各项准备工作，如原材料的进场审批、技术交底、挖设泥浆池和围挡施工等；（2）桩基的施工通常都采用昼夜交替的模式，对土方降防进行有效的处理，同时应在考虑到钢筋笼的搭接要求和桥下净空要求的基础上进行科学的施工；（3）对承台进行施工作业时，应进行开挖基坑，在与原结构相聚30cm的位置处挖除多余的堆放物，开挖承台时，应在考虑到墩柱与盖梁的裂缝情况和桥柱偏移沉降情况的基础上对相关参数信息进行记录。进行植入钢筋的施工时，对原承台的墩柱和混凝土应先进行凿毛处理，将新鲜的混凝土粗骨料面露出，记下钢筋保护层的具体位置，确保植筋钻孔应满足若干条件，如钻孔的位置偏差要小于10mm，钻孔深度偏差小于20mm，钻孔垂直度偏差小于50mm，钻孔直径偏差小于2mm；（4）对钢筋进行合理的绑扎。对钢筋进行焊接处理时应严格的依据具体的设计要求，为充分的保证承台钢筋的整体性，应准确的连接植入钢筋和其他钢筋材料；（5）正确的进行混凝土浇筑作业和模板的支设作业，胶合板是模板的最常用材料，施工中应先将其表面清理干净并涂上脱模剂，混凝土的浇筑作业应采用分层的方式进行，每一层的厚度应该是一致的并且要小于30cm；（6）浇筑作业完成后，在其表面应铺上棉被和塑料薄膜，拆除模板时应先将周边的支撑拆除，之后再拆除胶合板。做好回填工作，选择分层回填的方式进行并进行夯

实，充分保证桩基的整体质量。

通过以上的论述，我们对路桥施工中应用桩基加固技术的价值、路桥施工中的桩基加固技术和路桥施工桩基加固技术的应用案例三个方面进行了详细的分析和探讨。路桥工程在我国的交通事业中所起到的作用十分关键，在其施工的过程中我们应科学的应用好桩基加固技术，对其施工过程中可能会出现的问题多加注意，保证其应用的实际效果，从而切实的提升我国路桥工程整体结构的可靠性和稳定性，保证其施工的实际质量，促进我国公路交通事业的健康发展。

第四节　路桥施工采用绿色施工技术

对路桥施工状况进行分析，认识到绿色施工技术在路桥施工中的必要性。结合绿色施工的基本现状，总结路桥施工中存在的问题，旨在通过问题的分析构建解决策略，强调绿色施工技术在路桥施工中的技术形式，满足当前绿色化的工程项目设计需求，以实现路桥施工的绿色化设计目的，推动道路工程行业的稳步发展。

伴随桥路施工行业的运行及发展，通过绿色化施工理念的运用可以满足可持续化的道路施工需求，为当前桥路施工行业的运行及发展提供支持。但是，在当前桥路施工中存在着绿色技术缺乏的问题，这种问题若不能得到及时解决，会影响桥路施工的绿色化施工质量，无法满足桥路工程施工的需求。因此，在桥路施工中，为实现绿色施工技术运用的价值，应该及时认识到桥路施工中存在的问题，通过绿色化、节能化以及科学化绿色施工技术的运用，提升路桥施工的整体质量，为桥路行业的发展提供支持。

一、绿色施工的概念

所谓绿色施工技术，主要是通过可持续发展理念的运用，进行土木工程施工方案的确定。通过绿色桥路工程施工方案的确定，可以将可持续化理念的运用作为重点，通过可行性，环保性理念的运用，节约公路施工材料，提升路桥施工的整体质量，满足路桥施工企业的可持续发展需求。

二、路桥施工采用绿色施工技术的运用

（一）明确绿色化的项目管理理念

在当前路桥施工中，为实现绿色化桥路施工方案设计，应该确定综合性的绿色施工理念，通过绿色化设计理念的运行，进行绿色施工体系的完善。首先，在绿色高效的施工管理中，为了保证工程项目管理的规范化，高效化，应该进行绿色化的施工管理，以明确施

工人员的专业素养，充分展现绿色工程施工的整体价值。其次，在桥路施工中，为实现绿色施工技术运用的价值，应该及时认识到桥路施工中存在的问题，通过绿色化、节能化以及科学化绿色施工技术的运用，提升路桥施工的整体质量。最后，在绿色化管理理念构建中，应该明确各个施工人员的责任，引导施工人员结合不同的施工环境以及路桥项目等，采用灵活性的施工技术以及管理模式，充分满足当前绿色化的桥路施工需求。

（二）实现施工材料的绿色化运用

伴随桥路施工行业的发展，为了提升桥路施工设计的整体价值，应该将材料的使用作为重点，明确施工材料的使用要求，以提升桥路施工的绿色化。首先，在混凝土施工材料使用中，应该采用符合道路施工标准的产品，施工人员按照材料使用标准，进行混凝土资源的利用，以实现混凝土施工才来的综合运用，为桥路工程施工质量的提升提供参考。其次，在施工材料使用中，为实现绿色化的设计理念，也需要进行废弃物的科学处理，通过废弃物资源的重复利用，实现施工材料使用的可持续性，为当前土地资源的保护提供支持。最后，在桥路施工材料绿色化运用中，应该明确土地资源的保护及建设方案，通过科学化施工方案的强调，进行桥路施工资源的整合，全面提升资源的使用效率，为当前桥路工程队绿色化发展提供参考。

（三）完善绿色化的桥路施工管理机制

通过对桥路施工方案的分析，在一些建筑桥路施工中存在着施工体系相对落后的问题，若这些问题不能解决，会影响路桥施工的可持续性，无法满足当前绿色化的施工管理需求。因此，在绿色化桥路施工管理中，应该将可持续管理理念的运用作为重点，第一，构建绿色化的施工项目管理系统。在桥路施工中，为了提升工程项目管理的整体效率，应该规范绿色化的施工理念，通过绿色化、科学化的施工理念运用，进行路桥施工方案的完善，以满足当前路桥施工的基本需求。第二，在路桥绿色化管理中，为了提升施工人员的绿色化施工素养，应该明确施工人员的责任，通过明确分工以及合作管理等，进行绿色管理理念的运用，以充分满足桥路施工的绿色化项目设计需求，推动路桥施工管理体系的创新发展。第三，绿色化桥路施工管理体系构建中，应该提高施工人员对绿色环保理念的认识，通过规范性施工程序的运用，提高工程项目施工的整体效率，充分展现路桥施工的绿色化施工价值，满足当前路桥施工的可持续发展需求。

在桥路工程绿色化施工中，为实现工程项目的可持续发展，应该将绿色化的项目设计作为重点，结合绿色施工理念以及可持续性的施工方法，改善以往施工中存在的问题，并构建行之有效的绿色施工理念，充分满足路桥施工的基本需求。对于桥路施工人员而言，在工程项目设计中，应该认识到绿色施工的优势，及时改变以往的施工理念，通过绿色化施工理念的运用，进行路桥施工方案的创新，结合绿色施工理念、绿色施工方案以及绿色管理等内容，实现可持续化桥路施工方案的创新，充分满足绿色桥路施工的需求，为当前建筑行业的发展提供支持。

第五节　路桥施工中钻孔灌注桩技术

随着时代的不断发展，我国交通网络逐渐完善，为各个城市之间的沟通交流以及经贸往来起到重要的保障作用，在此背景下，如何提高路桥工程质量成为了建筑单位所主要关注的问题。在道路建设当中，往往由于地质或是水文环境的限制，导致平面公路无法进行铺设，而需要进行桥梁的架设，或是由于城市规划需要利用高架桥进行通行，都对于桥梁本身的质量提出了新的要求，本节针对路桥施工中钻孔灌注桩技术进行分析，以此为提高桥梁安全提供建议。

钻孔灌注桩技术作为桥梁的基础保障，其质量直接影响桥梁的使用寿命，虽然通过多年来的发展，该技术相对已经逐渐完善，但在实际施工当中仍然会存在孔壁塌陷、桩底沉渣过量等一系列问题，造成施工当中工期延误，或是工程质量下降，对此情况，应当针对实际操作中对技术的应用进行分析研究，从而提高技术的使用效率和质量，为工程质量奠定基础。

一、钻孔灌注桩技术概述

钻孔灌注桩技术是道桥施工当中基本工作之一，通过在施工位置利用机械进行桩孔布置，并进行混凝土灌注，实现桥梁稳定性的提高。钻孔灌注桩技术在现代的应用当中，以其施工噪音小、桩体直径大、应用广泛并且性价比较高等特点，被各个施工单位所广泛推崇应用，在路桥施工当中，利用该技术能够有效解决软土地基以及复杂地基承载力不足的问题，相比于其他桩基础技术来说，钻孔灌注桩技术施工较为简单，只要在施工当中，能够正确使用设备，并严格按照步骤进行工作，就能够保障工作的日常开展，并且根据实际情况，如果实际情况和设置桩长度不匹配时，也更加便于调节。在现代社会当中，人们的生活水平不断提高，逐渐注重于生活质量层面，而建筑施工作为噪音污染的主要来源，一旦不能符合社会需求，势必影响工程进展，而钻孔灌注桩技术在施工当中，所产生的震动幅度较小，噪音相对在可接受的范围内，不会对居民造成过大的影响，是现代工程施工的实用技术手段。

二、钻孔灌注桩技术的问题

（一）灌注卡管问题

灌注卡关问题主要在于技术应用的后期，在桩基础奠定后，进行灌注过程中，由于混凝土的密度过大，或是由于搅拌不够充分，都会引起卡管发生。卡管问题是较为常见的钻孔灌注桩技术应用当中的问题，但如果不能及时得到解决，势必影响桥梁质量，混凝土作为灌注主要材料，如果在搅拌当中，出现人为操作失误，或是设备故障，势必导致大量的粗料和泥石掺杂，在灌注当中，造成卡管形成。

（二）钢筋笼上浮问题

钢筋笼上浮问题的主要成因大概有混凝土灌注的问题和导管不正两种。在技术施工当中，通常在钻孔完毕后，将钢筋笼放入孔中，然后进行混凝土的灌注，提高钢筋笼的稳固程度，然而，一旦在实际工作当中，钢筋笼的稳定性较差，在混凝土的灌注当中，则会导致底部混凝土的浮力对钢筋笼的位置发生改变，从而导致钢筋笼上浮。导管在施工当中，主要起到了对钻孔的清理作用，而如果导管位置不符合标准，则会在灌注当中，导致法兰盘挂在钢筋笼上，从而造成钢筋笼的上浮。

（三）埋管问题

在对桩基础进行灌注当中，一旦由于混凝土的凝结则会导致管道无法拔出，工程的工期受到影响，如果采用强行拔管的方式，就会引起管道的破裂或是混凝土沉积问题发生，最终影响工程质量。

三、路桥施工中钻孔灌注桩技术的应用

（一）施工前期准备

路桥工程是一项系统性工程，在施工当中，对于技术的应用和衔接应当提前做好准备工作。在施工初期，应当与相关技术人员进行技术交底工作，通过沟通交流确定工程开展的实际情况，结合所设计的图纸，对当地的水文情况和地质情况进行深入了解，明确工作方式，并合理选择应用设备，在使用前检查设备的运转情况，保障设备符合规定标准。在实际施工前，应当对施工位置进行清理工作，精确对于桩体的测量校对工作，对施工位置的污染物或是杂质进行清扫，防止由于其腐蚀性为工程带来影响。

（二）解决卡管问题

卡管问题的主要成因在于混凝土的灌注工作，所以在施工期间应当对混凝土的密度进行严格把控，防止意外发生。在施工当中，应当对设备进行检查实验，确保对混凝土的搅拌能够符合额定标准，然后根据相应的混凝土配比需求，对混凝土进行充分搅拌，灌注过程应当结合实际情况对灌注的速度和进展进行调整，避免由于速度过慢导致混凝土的凝结造成卡管，而一旦卡管问题发生，应当停止工作进度，对管内进行疏导，冲散管内物质，如果不能得到完整的解决，应当采取更换的方式，保障工程的质量不会受到影响。

（三）防止钢筋笼上浮

钢筋笼的上浮主要由导管和混凝土两种因素造成，在实际的操作过程中应当针对这两种因素开展治理。合理计算混凝土灌注量，严格控住，防止第一斗灌注量过大导致钢筋笼因为冲击力和浮力等原因上浮。钢筋笼位置合理摆放，不可出现移动，将其固定在护筒上面。

（四）埋设护筒

在钻孔灌注桩技术的应用当中，护筒主要功能是为了防止孔洞塌陷，辅助桥梁质量的提高。在施工当中，应当选取质量较高的钢板用于护筒的制作，并且在护筒埋设当中，严格按照标准进行，保障各部分之间的位置良好对应，在护筒埋设后，应当进行复查工作，确保护筒的稳定程度。

（五）做好现场指导工作

由于施工当中存在一定的不可控因素，所以在实际工作当中，应当做好监管工作。指派专业技术人员对现场进行统筹管理，做好指导工作，对现场施工的情况进行把控，并进行记录，为工程储存原始档案，并且一旦在监督当中发现问题，应当及时进行改善，并且随时对施工人员的操作进行指正，保障工作的合理化开展。

（六）做好设备的养护工作

钻孔灌注桩技术的应用主要依靠设备进行，所以设备的质量和效率直接影响工程的进展。除却在施工当中对于设备进行合理应用外，在工程开展完毕后，也应当做好对于设备的清洁养护工作，对设备进行详细检查，一旦发现磨损等情况，应当及时进行维修或更换，如果问题较为严重，立刻将设备返厂进行维修。

路桥施工当中的钻孔灌注桩技术的应用，能够有效提升工作效率，保障桥梁质量，所以在实际工作当中，应当严格把控工作质量，对技术进行合理应用，保障工程稳定开展的同时，促进工程水平稳步提升。

第六节 路桥施工试验检测技术

试验检测是路桥施工的重要环节，确保试验检测技术的高效利用，不仅有助于路桥基础建设质量的提升，更对交通压力环节和区域经济增长具有重大影响。本节在阐述路桥实验检测必要性的基础上，对其检测的内容和具体的检测技术应用进行分析。以期有利于实验检测技术应用水平的提升，进而在保证路桥施工质量的同时，实现我国道路交通系统的不断完善与发展。

新经济形态下，我国交通基础设施的建设不断完善，道路工程建设的空间跨度不大扩大，这对工程的建设质量提出了较高要求；尤其在路桥工程建中，实现其施工质量的实验检测尤为关键。然而长期以来，人们在检测技术把控方面存在较大困难，这对路桥工程的高质量建设造成重大影响。新时期，要实现路桥施工质量的提升，就必须注重其试验检测技术的规范应用，本节由此展开分析。

一、路桥施工实验检测的必要性

路桥工程是我国道路基础设施建设的重要组成部分；实现其施工过程的质量检测至关重要。具体而言，其主要表现的以下三个方面：其一，在实验检测技术的控制下，施工人员可以实现工程建设材料的规范选择和优化，其不仅保证了材料质量的严格把控，更对其材料成本控制具有重大影响，有助于路桥工程的高质量建设。其二，路桥实验检测使得当前检测理论、检测技术的具体落实，其通过设备投入、技术应用和具体检测环节的落实，检测技术的不断完善与更新，对于检测技术的现代化、规范化发展具有重大影响。其三，从检测结果来看，系统化、完整化的施工试验检测有助于施工情况的合理评估，从而在保证工程建设效率的同时，实现其建设质量的有效提升；并且在一定程度上，其增强了路桥建设企业的建设能力和经营能力，有助于其市场竞争实力的增强。

二、路桥施工实验检测的内容

路桥实验检测是一个专业要求较高的系统实践过程，确保其检测内容的全面对于工程建设质量提升具有重大影响。一般情况下，路桥施工实验检测包含了表面、应力、强度与刚度、扩散深度、渗透性、钢筋锈蚀度等方面的检查。并且，各个层面的具体检测内容和方法应用存在差异性。譬如，就路桥施工的表面而言，表面破损度、裂缝分布及深度、内部缺陷程度等都是其重要的检查内容。实践过程中，通过目测方式的应用，施工人员即可实现表面破损与缺陷的有效把控，而对于裂缝分布、和内部变形的检查，路桥建设人员就应充分采用激光传感器和超声波、雷达技术，对其检查结果的精确度进行保证。另外，在扩散深度检查和钢筋锈蚀度检测中，钻芯取样和自然电位法都是其重要的检查方式。需要注意的是，对于具体的检查结构，工程建设人员应做好规范的备份记录，然后进行及时的修正补漏，一旦路桥建设的质量较低、安全隐患较大，建设单位应在检测结果的指导下，进行必要的返工处理，从而确保工程整体建设质量的有效提升。

三、路桥施工实验检测技术的具体应用

当前环境下，人们对于路桥施工的质量要求不断提升，进行较高质量的施工实验检测技术应用至关重要。路桥施工实验检测过程中，检测对象不同，其具体的方法应用也会存在差异。目前，路桥施工检测技术重要应用与于以下方面：

（一）回弹弯沉检测

回弹弯沉检测是针对路桥质量进行的一种质量检测方式。具体而言，在标准轴载作用的控制下，路桥表面或基础会产生两种形式的变形：其一路桥轮隙部位发生不规则变形，影响路面或路基的平整度和负载能力；其二，路面发生回弹弯沉作用，影响工程整体的建设质量。实践过程中，贝克曼梁法、落锤式弯沉仪法都是其检查的有效手段。相对而言，贝克曼梁法的应用较为简单，其能实现静态下弯沉作用的有效控制；然而其对路面各承重层的强度把控存在一定缺陷，因此在检测过程中，施工人员应注重检测方式的合理搭配。

（二）压实度检测

压实度检测是路桥施工直孔来那个检测的基本内容。实践过程中，灌砂法、环刀法、预埋加速计法、核子发射法、静态承受压力法等都是其重要的检测方式。其中环刀法和灌砂法的应用最为普遍，一方面，其检测过程的耗时较短，充分满足当前工程建设周期较短的实践现状；另一方面，从检测结果来看，环刀法和灌砂法具有较高的准确性，其对于工程整体建设质量的把控具有较为明确的指导作用。需要注意的是，在检测中，这两种方式带有一定的路面破坏，因此应注重抽样检查和检测后路面修复要求的准确把控。

（三）路桥无损检测

路桥施工过程中，无损检测以单件工程结构为基本对象，在频谱分析检测、有图像检测、超声波检测等方式的应用下，实现了路桥内部状态的有效控制。与传统道路检测方式相比，路桥无损检测对于现代设备的依赖程度较高，因此在检测过程中，路桥施工人员应注重现代设备的优化更新，从而确保其质量检测过程的高效进行。就检测结果而言，操作便捷、精度较高是其检测技术应用的主要优势。

（四）超声波检测

超声波检测是当前路桥施工质量检测的一种常用方式，并且广泛应用与混凝土结构的质量检测过程当中。通常而言，其在现代检测设备的应用下，对路桥工程的结构进行超声波探测，然后在分析声波脉冲波幅、主频率、传达速度等内容的基础上，进行探测数据与标准数据的对比，进而实现路桥施工质量缺陷有效把控。实践过程中，超声波检测仪、声波换能器是其主要的设备支撑。从应用效果来看，超声波检测在检测结果把控、检测效率、安全性以及路桥整体性保护方面具有突出优势；在其支持下，人们可以对路桥施工的缺陷进行准确修补，从而确保路桥施工质量的有效提升。

路桥施工实验检测技术的应用对工程整体建设质量的提升具有重大影响。实践过程中，施工人员只有充分认识到了路桥施工实验检测技术应用的必要性，并在明确其检测内容的基础上，做好具体检测方法的规范应用。唯有如此，才能实现其检测技术应用水平的不断提升，进而实现路桥施工质量的有效保证。

第七节　路桥施工中防水路基面的施工技术

近些年来，随着经济水平不断地提高，我国的基础设施建设也迈入了一个全新的阶段，可仍然有些技术没有跟上时代，制约着我国基建的进一步开展，防水基路面作为路桥施工的重要技术之一，仍需要不断地完善。探究了路桥施工中损害防水基路面的各项因素，并对加强防水基路面建设提出几点措施，希望具有借鉴意义。

一、损害路桥防水路基面的因素

（一）设计不合理

目前，我国损害路桥防水基路面的主要因素就是设计不合理。设计师对于路桥的设计，对路桥的安全和稳定起着主导作用。设计是建筑的基础，如果一个建筑的设计从源头上就是不科学合理的，那么它的整体质量必然也不会太高。

如果设计师在设计时，对整个防水基路面的架构和使用的材料等各项因素都没有考虑到的话，那么在具体的施工中，一旦施工人员对建筑材料的选择不严谨，采用了防水性能欠缺的材料，则对极大地影响施工质量，以至于路桥在暴雨、雷雨、台风等极端天气下，发生变形、塌陷等损坏，影响到路桥的正常使用，危害人们的生命财产安全。

再者，有一部分设计师不专业、设计经验也严重不足，导致防水路基面的防水效果并不好，不科学、不严谨的设计方式，使得路基面在车辆行驶过后便出现了开裂。这些不专业设计师的采用，极大程度上损害了路桥工程的开展，降低了路基面乃至整座桥的使用年限，再加上拆除重建的时间和众多的人力物力，使得资源大量浪费。

（二）质量不过关

路桥防水基路面受到损害还有很大一部分原因就是材料的质量不过关，我国自然条件复杂，其中降水对路桥的危害极大，而材料的质量及性能决定着防水基路面的质量和使用年限。在降雨量多的季节，防水基路面相较于其它季节损害较大，如果是质量不好的材料，就会直接影响基路面的架构，导致整个路桥产生质量问题。

从目前来看，我国的防水路基面工程中正在逐渐引入一些性能较好的材料，例如沥青和防水土工膜等，这些材料的使用，极大程度改善了我国防水路基面因材料不好而受损的现状。

（三）操作不规范

施工人员技术使用不规范也会导致防水基路面受到损害，当前我国的施工人员由于技术不熟练、操作不规范，使得防水基路面不够平稳，妨碍了基路面发挥其正常的效果，影响整个路桥施工进程。

另外，施工人员也没有重视防水基路面中保护层的作用，在路桥工程建好之后，随着人们不断的使用，保护层就会越来越薄，直到逐渐消失，使路桥工程在后期的危险性和不稳定性增大。

二、加强路桥施工中防水路基面的措施

（一）提高设计水平

各相关部门应加大对防水基路面设计的重视程度，以便于后续建设工作的开展，因此应严格考核各设计单位，选出专业能力、思想道德素质都比较高的设计师进行防水基路面的设计，不能贪图便宜，而影响路桥质量。

在对设计师千挑万选的同时，还应要求其在防水基路面上的设计有科学性和实际操作性，能将防水基路面的设计作为整个路桥工程设计的重点内容，使得在后期实际操作中，便于施工人员施工。另外，相关设计单位还需要切实履行职责，对设计方案反复检验，确保其是安全可行的。

（二）采用优质施工材料

施工材料的优劣对路桥工程防水基路面的质量影响很大，所以，在前期选用施工材料时，要选择那些防水性能好、质量好的材料，相关部门在选择材料的同时，还需严格进行好监督工作，确保在资金的使用方面没有出现问题，挑选的材料也都符合相关标准，在监督过程中出现的问题，需要向上反映，材料质量不符合规定也要及时更换，以免施工中或施工完毕后发现问题，耽误效率。但从目前来看，大多数的承包单位没有建成严格的监督管理体系，这让我国的施工材料质量大大降低，以至于难以满足工程设计的需求。

另外，还有一些施工单位在路桥工程防水基路面的施工建设中未加入防渗材料，这种现象导致路桥在雨季有大量渗水漏水的情况发生，水渗入路面，使路面的结构发生破损，桥路甚至会塌陷、断裂。防水路基面的材料不全面，就会有一个因素使其出现问题。因此，各企业也要注意防水材料的全面性，从而达到有效防控事故的效果。

防水基路面还有一个有着重要部分，就是防水层。防水路基面主要分为三层，防水层就被安置在沥青混凝土下，防水层能够使防水基路面充分发挥其职能，起到防渗、防漏的作用，只有施工人员对其重视起来，采用良好的材料才能使防水路基面做到这一点，为了保证路桥工程防水基路面的安全与稳定，在施工之前选择材料的时候，还要考虑材料的几个关键因素，弹性、粘合力还有至关重要的防水能力，只有具备着三种特性的防水材料才能被选用。

施工材料在桥路结构的下半部分为桥路打下一个基础，因此，材料的性能和质量将会

直接影响上层质量，所以，相关人员在选择施工材料时，要综合考虑其粘合力、防水能力、弹性等条件。另外，时代正在飞速发展，路桥工程市场相比之前来说也发生了很大的变化，尤其是新研发出的防水材料，这类新型防水材料性能好、质量高，但是如果真的应用在路基面的施工中成本会比较高，对于一些预算较少的工程就会比较不利，因此，相关人员要具体问题具体分析，将这种防水材料运用在比较容易发生事故的部位，从而实现工程质量的总体上升。

（三）规范施工操作方案

在当前，我国仍然有施工操作不规范的问题存在，影响着路桥施工中防水路基面的建设，针对这种现状，相关人员应从全局出发，全面地考虑到工程建设的各种因素，事先设计方案，将步骤按条例列好，避免在施工过程中出现各种各样的问题，影响桥路的建设和使用。

例如，在桥路排水功能的设计方面，工作人员就应该将科学技术的应用记录在方案中，这样既能优化施工的方案，同样还能留存记录，为之后工程项目的开展提供经验。

另外，施工单位还需要加强对施工人员和材料方面的监督和管理，只有高效的监督才能产生高效的工作，为防水路基面的安全性与稳定性保驾护航。首先，应敦促相关设计单位准备多套设计方案，再择出最优方案执行，在施工单位方面，还需要提前准备好施工材料。其次，施工过程中一定要监督施工人员，确保防水基路面按计划建设。最后，还要制定预见性方案，保证即使有渗水、漏水的情况也能正常运行使用，不会即刻发生事故，给维修人员留出维修时间。

相关施工单位还需要考虑地理环境、地质问题给路桥工程中防水基路面造成的影响，这就要求在设计方案之前，需要设计单位和施工单位进行实地考察，并充分了解地区在过去气候、地质等各项因素，再根据现有条件，严格制定设计方案，避免出现调查不够而产生的损害。在了解了各项因素之后，相关单位应该实现数据共享，互通有无，在之后施工的各个方面减少自然条件的限制，并且能够通过合作，突破施工中存在的各种限制。

综上所述，路桥工程的稳定与安全对我国基础设施建设的顺利开展至关重要，所以需要相关人员加强对防水路基面的建设，首先要明确其受损的主要原因，在针对具体情况，从提高设计水平、采用优质施工材料、规范施工操作方案三个方面入手，完善防水路基面施工技术，推动我国基建进程。

第八节　路桥施工中钢纤维混凝土的施工技术

随着我国经济化建设的加快和城市化的深入，桥梁道路的建设成为各大建筑工程中的领头羊，而路桥建设的技术和手段也在不断地更新和改进。本节就钢纤维混凝土在现代路桥中的施工进行研究和探讨，从其特性出发，分析应用优势，并对我国现阶段该施工技术的应用现状进行分析，为桥路施工中钢纤维混凝土施工技术的进一步发展提供建议。

一、钢纤维混凝土技术在路桥施工中的应用优势

钢纤维混凝土是在原有的传统混凝土中加入一定比例的钢纤维，与普通的混凝土相比，有效地提升了其极限抗压强度，相较一般的混凝土，它具有多种优良的性质，一般而言，其单轴抗拉极强度能够提升45%左右，抗弯极限强度也能增强1.4倍，抗剪强度提高50%~100%，抗压韧性大幅度提高，能够普遍提升工程的安全性并延长其使用寿命。当混合比例在1%~2%时，钢纤维混凝土中钢纤维加强了混凝土的黏性，使其冲击韧性的指标能够提升100倍左右，这极大地提高了工程物中的抗冲击力，即便遇到强度稍强的冲击和震荡，都能够在一定程度上减小其破坏。除了优良的抗冲击性之外，钢纤维混凝土还具有良好的抗裂性表现，相较于传统的混凝土，其对力量的承受非常强，当遇到因外力产生的形变之时，其压缩程度比普通的混凝土要低很多，这就极好地维持了路桥的固有形态，从而可以避免出现裂缝，同时，该抗裂性也能一定程度上抵抗温度应力的作用，减少温度变化而引起的自然裂缝，并且在抗冻性和耐磨性的综合作用力下，能将混凝土的长期收缩率减少30%左右，在最大程度上维持路桥工程的最佳状态，使得路桥工程的使用寿命加长。

二、钢纤维混凝土技术在路桥施工中的应用范围

由于钢纤维混凝土自身的一系列抗压、抗裂、耐磨性和抗剪应力等优势，使得其在筑桥的应用十分丰富，除了一般的桥面铺设，还在路桥结构加固，桩基础加强，边坡加固和衬砌隧道防护中得到广泛的应用。在一般的路面施工也多使用钢纤维混凝土材料，用钢纤维混凝土铺设路面不仅节省材料，施工过程也相对简单，加之材料所具备的低温、耐磨特性性，使得路面寿命能延长到普通路面的1.5倍左右。当然，不同的施工项目需要不同的施工方式和工艺，只有根据施工的具体需求，制定科学、适宜的施工方案，才能让钢钎混凝土施工技术在各个应用领域得到最大的应用价值，才能够保障各项施工的质量，提升工程的安全性与使用寿命。

三、钢纤维混凝土技术在路桥施工中的应用实操

（一）钢纤维与混凝土的配比设计

钢纤维混凝土的配比设计工艺与普通水泥的配比设计并无明显差异，最大的差异在于在配比设计中需对钢纤维体积率进行科学准确的计算和测量，除此之外，钢纤维的韧性强度以及体积率同样也需要精确地进行计算。在具体的施工过程中，路桥抗弯强度、路面厚度及钢纤维混凝土材料抗折强度都需要达到符合工程的要求，这就需要施工人员能够对钢

纤维和混凝土材料配比进行科学的设置，也就成了保障项目工程的质量的基础。例如，当钢纤维掺入量介于0.6%~1.2%时，材质的抗拉力强度会随着掺入量的不同呈现出类正太分布的规律性变化，随着掺入量由0.6%逐步增加至0.8%，钢纤维混凝土的抗拉力强度会逐渐提升，并且在达到0.8%时出现最大抗拉力强度，待掺入量进一步增加，这种变化则开始呈现负相关的趋势，所表现的抗拉力强度也就开始下降。根据过去的实操数据也发现，0.8%的配比相对来说最为合理，由此仅针对抗拉力的表现来看，也建议将钢纤维与混凝土材料的配合比设计为0.8%。除了钢纤维这一重要原料的比例需求之外，为了能达到最好的效果，在水泥的应用过程中，建议优先使用32.5级的普通硅酸盐水泥，42.5级亦可采用；为了能使材料中的各原料分布均匀，在使用石头的时候，最好使用立方颗粒的碎石，并且具有一定的强度和硬度，如果碎石内部带有风化颗粒，钢纤维混凝土的最终成品质量会大打折扣；由于钢纤维混凝土材料需要有较高的抗冻性，因此，在使用外加剂时应使用优质化减水，如果是路桥施工建议使用引气型减水剂，这样能最大地提升材料抗冻性；在细集料在选择时，优先选择天然中粗砂，天然砂含量百分比不能超过0.075mm；由于用水量和含沙量对于钢纤维混凝土的体积率以及韧性强度也有着不小的影响，所以，在用水上需要采用纯净的自来水，不应为了节约成本或是方便行事而用带有泥沙之类的河水。只有根据准确科学规范的操作，将各原料进行精准的计量，才能达到科学规范的钢纤维混凝土配比，提升钢纤维混凝土的质量，为后续的工程质量奠定基础。

（二）搅拌工艺

钢纤维混凝土的搅拌工艺与普通水泥的搅拌也并无明显差异，不过，为了能使钢纤维能均匀地分布在混凝土中，建议采用先干后湿的钢纤维投放方式，根据预先设定好的配置比例，首先，投入基质材料，保证材料搅拌均匀；随后，用振动筛的筛分作用将钢纤维投入搅拌机中，并且投入材料时要分层投入，按照流程进行材料的添加，确保上一材料搅拌均匀后再投入后续材料，这样能就够有效保证各级材料均分布，从而可以避免混凝土搅拌时钢纤维结团，并且搅拌时间也需要严格把控。一般的操作案例是先将粗细骨料、钢纤维、水泥分层混合，并干拌1.5分钟，添加清水后继续搅拌3分钟，才能达到良好的质量。针对不同的施工工程，需要对搅拌时间和钢纤维的投入量进行不同的调整，如果是路面建设，钢纤维掺入量至少需要达到30kg每立方米，最多不能超过80kg，否则，会造成搅拌结块；针对桥梁建设，钢纤维的投放应当介于50~100kg，过多或者过少，桥路的性能都不能得到最优。由过往的数据显示，在钢纤维混凝土搅拌试验中，最好延长20s左右搅拌时间，先干拌，再加水，干拌时间不能低于1min。如果体积率较高且拌合物较干，建议拌和量不超过额定搅拌量的80%，当搅拌机容量相对较小时，需要将拌和时间应适当延长1min左右。除了现场搅拌之外，在钢纤维混凝土运到施工现场的途中，为了减少材料结块，需要选择最佳的运输路线，以节约运输时间，运输车也需要特别注意，需选择卸料方便的运输车，特别是针对长时间的运输。如果一旦出现了离析现象，就需要及时进行二次搅拌，避免材料结块和浪费。

（三）钢绞线安装和混凝土浇筑

在具体的路桥结构施工中，首先，要做好钢绞线安装，因为安装的良好与否直接决定了路桥结构的牢固性和承重能力，由于预应力钢绞线自身带有特殊性，在使用时需要分段使用。为了防止预应力钢筋表面出现破损和不牢固，首先，应该确认预应力钢筋材料的长度，然后，使用钢绞线两端作为路桥受力支点，待支点确定之后，顺势将不同的预应力锚点相连接，在切口两端用钢线绑扎，这样就形成了路桥基本框架。在框架成型后，还需做好钢绞线的梳理工作，避免钢绞线交叉。后续实行钢纤维混凝土浇筑中，施工人员需对混凝土的浇筑进行分层施工，在每层施工的时候，当混凝土表面的泥浆不再下沉时，就需停止浇筑，只有这样，才能得到均匀的混凝土结构层。在高温天气下进行浇筑的时候，还需特别注意控操作速度，理论上建议，混凝土拌合料从搅拌机卸出，到混凝浇筑完成，所需时间应控制在半小时内，也不能由于时间控制不好就盲目加水。另外，温度较高也会引起温差变高，所以为了避免钢纤维混凝土出现裂缝和大面积结块，在施工的时候，通过常用手段来控制温度也是必不可少的，关注混凝土温度的变化规律，以此避免外部温度对钢纤维混凝土浇筑的不良影响。

（四）喷射钢纤维混凝土施工

在隧道的砌衬施工中，往往需要用到喷射钢纤维混凝土工艺，喷射不仅能很好地保证砌衬的完整性和强度，还能起到简化隧道的防水防渗的作用，是一个一举两得的有效方法。它与素喷混凝土（不加钢纤维的简称"素喷"）相比，具有的特点是：强度高（抗拉、抗弯、抗剪）；抵抗冲击、爆炸和震动的性能高；韧性（变形性能）好；抗冻、耐热与耐应劳性能好。钢喷集料回弹率也比素喷低。抗裂性能强，在钢喷的工艺下，即使构件已产生微小裂缝，也会因钢纤维继续抗拔而使韧性大大提高。由于是喷射施工，施工速度相较普通的浇筑会更快更方便，使用范围也特别广，特别是在小面积施工中应用广泛；喷射后的钢纤维方向接近二维分布，材料性能能得到明显的保证。

总的来说，钢纤维混凝土本身具有的性质可有效地加强路桥工程的刚度、抗压、抗震等机械、力学、热学、腐蚀学等在内的各个方面的性能。而现阶段也是我国路桥施工乃至其他建筑领域施工中不可缺少的技术，该技术也在我国的实际操作中越发成熟，无论是现阶段的应用范围和施工技术，都被越发地肯定。当然，科学精确的施工技术是保证工程质量的前提，做好最基本的配比和搅拌，并严格地施行浇筑等技术，才能为工程的可靠性和安全性提供保障。随着未来工程的高复杂和高标准性的变化趋势，我们还需要继续学习，研发更优质的工艺技术，相关单位也应从变化中不断学习并结合市场需求加大对路桥施工技术的研究和开发力度，并确保这些技术都能有效地应用到实际施工过程中去，最终提升道路桥梁建设的施工质量。

第九节　路桥施工中钻孔灌注桩施工技术

钻孔灌注桩是我国路桥施工中使用最广泛的一种桩基础形式，钻孔灌注桩的桩基础形式大约占全部路桥工程的百分之八十。之所以它可以广泛使用在路桥施工中，是因为它具有诸多明显的优势，例如：抗震性强、噪音小、施工安全等等。虽然钻孔灌注桩施工技术运用在路桥施工中取得了不错的成果，但是近几年经常出现坍孔事故。施工企业想要有效预防坍孔事故的发生，就必须要参照路桥项目实际情况制定行之有效的施工方案，重点把控钻孔灌注桩施工技术的细节处理，确保钻孔灌注桩的施工质量良好。

一、钻孔灌注桩施工技术的内涵

（一）定义

钻孔灌注桩施工技术就是在路桥工程施工现场通过多种方式在地基中形成桩孔，孔洞内部放置钢筋，之后用混凝土均匀的注入孔洞中，进而形成钢筋混凝土桩，采用机械钻孔的方法完成上述操作流程即是钻孔灌注桩法。

（二）优势

在路桥施工过程中运用钻孔灌注桩施工技术可以轻松解决遇到软土地基而引发的横向移动、承载力不足等问题，还可以将地基表层上部结构的动载均匀的分布给深层的下部结构，减低局部塌陷、不均匀沉降问题，最主要的是：它具有噪音小、施工安全等特点，不会对附近居民的生产生活造成不良影响。

（三）影响钻孔灌注桩施工质量的因素

钻孔灌注桩施工技术是路桥项目施工中比较常见的施工技术之一，它自身的特点被广泛运用在中大型桥梁桩基础的首选形式。施工企业想要保证路桥工程施工质量，就必须要先确保钻孔灌注桩施工质量良好，管理人员和技术人员的首要任务是确定钻孔灌注桩的施工流程，需要对特殊施工区域进行重点把控，例如：钻孔、清孔等。其次，需要分析和敲定影响钻孔灌桩施工质量的因素，比如：地质条件、人为操作失误、管理松懈等。

二、进一步强化路桥施工中钻孔灌注桩施工技术的策略

（一）有效控制路桥地基钻孔环节的施工技术

地基钻孔环节可以称之为路桥施工中第一个实践钻孔灌注桩施工技术的环节，地基孔洞的位置、孔径大小、深度的选择对后续施工质量有很大的影响，类似牵一发而动全身的

效果。想要保证地基钻孔位置的精确性，必须要保障测量放线环节工作质量的良好，施工人员需要使用全站仪精准测算出桩位，只有确定装置的位置才不会出现偏差，钻孔机才可以进行钻孔工作。在机械钻孔过程中，施工人员需要检查机械钻孔位置、孔深、孔径、倾斜度是否正确，还需要对孔洞口进行保护。值得注意的是：在钻孔过程之前需要事先调配好混凝土泥浆，在钻孔作业过程中需要时刻关注路桥施工场地中地基地层的变化，及时捞取大量的废渣，将废渣临时堆放在桩柱附近，待钻孔作业结束之后，统一装车配送到制定的地点。因为软土地基和复杂地基在进行钢筋混凝土钻孔灌注桩过程中必然也会遇到土壤中含有大量水分的情况，施工人员必须要提前做好孔内排水准备，及时排出土壤中多余的水分，避免出现坍孔的情况。

（二）强化清孔工序中施工技术的操作水平

虽然在钻孔过程中施工人员在钻孔机每次推进两米的位置处淘取一次滤渣，但是孔洞内仍然会残留大量的石渣和淤泥，这些废渣必然会影响安防钢筋笼工作的质量，施工人员不得不在钻进清渣之后在进行一次专项的清理孔洞工作，确保后续工作可以有序进行。施工人员可以在孔洞附近安装清孔设备，有效去除石渣和淤泥，可以采用水泵设备及时将孔洞底部的积水排出。只要将孔洞彻底的清理干净，需要对孔洞中残渣清理质量进行检查，检查合格之后，方可进入钢筋笼安放和钢筋笼制作工序。

（三）制作和安放钢筋笼环节的施工技术要点

施工人员在制作钢筋笼时需要根据路桥工程中地基实际需求和成品孔洞的直径、深度等内容确定钢筋笼的骨架直径。因为钢筋笼的整体骨架比较小、结构比较不稳定，所以在运输钢筋笼过程中需要在运输车上垫上厚厚的一层黏布，降低钢筋笼运输过程中因挤压、不均匀受力而引起变形问题的概率。当钢筋笼成功运输到施工场地后，施工人员需要运用吊车将钢筋笼放在成品的孔洞中。需要特殊强调的是：在安放钢筋笼过程中，务必要保证钢筋笼的中心与成品孔洞的中心在一条直线上，尽可能要稳、准、狠，避免刮碰到成品孔洞的内壁。

（四）混凝土泥浆注入孔洞工序的施工技术重点

混凝土灌注工序是钻孔灌注桩施工技术运用在路桥施工过程中最后一个施工环节，该环节施工技术水平的高低直接影响路桥工程中地基质量是否达标。在进行混凝土灌注施工过程中，技术人员和施工人员必须要根据路桥施工中地基不同区域的钻孔深度来确定最适宜的灌注方法，通常情况下，技术人员要求成品孔洞深度小于两米时，施工人员则不需要借助任何设备直接灌注即可，成品孔洞深度大于两米时，施工人员则需要借助导管工具进行灌注。

三、路桥施工中钻孔灌注桩出现的典型事故及防范处理对策

（一）坍孔事故问题

发生坍孔事故的主要原因是混凝土泥浆配比各项参数不合理、孔洞残渣清理操作不当。施工企业想要有效预防坍孔事故的发生，就必须要在正式开工之前做好路桥地基中地层分布情况的勘察工作，通过分析勘察数据结果有针对性的调整施工方案，当钻孔机进入松散、流沙砂土层时，必须要科学控制钻孔机的速度，需要使用密度大、黏结性强的混凝土泥浆。在清理孔洞过程中需要专门的人员负责孔洞的清理和排水，工作人员可以通过水槽和水池的方式来降低水的流速，避免发生坍孔问题。如果已经出现了坍孔问题，施工人员必须要根据实际情况制定出针对性的处理方案，必须要保证不会影响后续施工。

（二）断桩事故问题

发生断桩事故的原因有：其一，桩与桩之间的间隔距离不合理，因作业区域受限造成断桩问题。其二，路桥地基土层硬度勘察结果不准确。其三，桩柱冷凝时间严重不足。施工企业想要有效预防断桩事故的发生，就必须要严格控制桩与桩之间的距离，为施工人员提供良好的工作区域，同时需要根据实际情况适当延长桩柱的冷凝时间，提高桩柱的强度，严防出现断桩问题。如果实际施工过程中已经出现了断桩问题，必须要用吊车及时将上部断裂的桩身和下部固结的桩身全部拔出成品孔洞，对该孔洞进行重新施工。

言而总之，钻孔灌注桩施工是路桥工程施工中一个核心的子项目，各工序的施工质量可以决定着路桥工程地基结构的是否稳定，直接影响路桥工程的建设质量。路桥施工过程中运用钻孔灌注施工技术后，钢筋混凝土浇筑技术得到了质的飞跃，可以充分体出现钻孔灌注桩施工技术的实际应用价值，可以有效的保证钻孔灌注桩施工的质量。

第十节　路桥施工中的裂缝防治技术

随着我国经济的高速发展，交通运输行业高速发展，各种路桥工程越来越多，对工程施工要求不断提升。在路桥工程施工的过程中，经常由于各种因素的影响，导致裂缝问题的发生，对路桥工程施工质量，会造成非常直接的影响。为此，笔者将要在本节中对路桥施工中的裂缝防治技术应用进行分析，希望对促进我国道路工程事业的发展，可以起到有利的作用。

在我国桥梁技术高速发展的今天，大体积混凝土在桥梁结构中的应用不断增加。混凝土时路桥工程施工中使用量最多的材料，其价格相对比较便宜，具有较高的抗压强度和耐火性能，后期使用养护费用也相对比较低，在我国基础设施建设规模不断增加的今天，其应用领域不断拓宽。混凝土材料在桥梁、道路工程实际应用的过程中，经常会产生比较严

重的开裂问题，对工程结构的使用寿命，会造成直接的影响。

一、路桥施工裂缝产生原因分析

我国很多地区都属于季风气候，温度变化比较显著，昼夜温差较大，导致分子结构的稳定性不足。混凝土施工是路桥工程施工的重要组成部分，其不同部位的密室程度存在较大的差异，在混凝土内部存在较多的缝隙，这些空隙存在比较明显的温度变化和湿度变化，外界水分也容易渗入到这些孔隙当中，在低温环境作用下，很容易发生结冰的现象，会对原有的缝隙撑大，一旦撑大尺寸超过一定的量，就会导致大规模裂缝现象的发生，对混凝土的强度，会造成直接的影响。

施工不合规。受到当前施工人员技术水平的限制，在开展路桥工程施工的过程中，经常会存在操作不够规范的现象，不能按照要求对相关工程施工设备进行使用，再加上工程监督工作不能开展到位，这样很容易导致施工质量问题的发生。例如，如果低承载力计算错误，就容易导致大量材料堆积的现象，对桥面的承载力也会造成直接的影响，很容易导致承压裂缝的发生。如果在施工结束之后，不能严格按照要求开展施工养护工作，也容易导致桥面裂缝问题的发生。在混凝土内部往往会存在较多的钢筋，如果水顺着裂隙进入到混凝土内部之后，就很容易与钢筋发生作用，让钢筋发生锈蚀的现象，对混凝土强度也会造成很大的影响。收缩裂缝也是混凝土在实际施工的过程中，经常会出现的一种病害，其主要包括塑性收缩裂缝和干缩裂缝。塑性收缩裂缝主要存在于混凝土初凝之前，这个时候混凝土的水化反应比较剧烈，很容易出现泌水的现象。在混凝土收缩的过程中，很容易受到模板和钢筋的制约，导致混凝土内部应力的产生，一旦应力大小超过一定值，就会导致混凝土微缝的产生。干缩裂缝主要发生于混凝土硬化前后，这个时候混凝土表面水分散发速度较快，内部热量不能及时散发出去，混凝土表面收缩现象就会比较明显。在混凝土表面收缩的过程中，很容易受到内部混凝土的约束，让混凝土表面承受较大的拉力，一旦拉力超过一定的限度，就会直接导致收缩裂缝问题的发生。

二、路桥工程施工中有效的裂缝防治技术

合理对混凝土的强度进行设计。为了保证混凝土的实际使用效果，就需要对混凝土的强度进行合理设计，在满足加载期龄之后，再进行预应力钢束。在实际张拉的过程中，应该对张拉负荷持续时间进行严格控制，千斤顶的卸力不能过快，否则在张拉结束之后，预应力不能立即停止，还会存在持续增长的现象，这个时候就应该对具体变化进行认真观察，避免出现张拉一结束就开始切割作业，需要认真做好钢束张拉力的控制，同时还应该对孔道当中氯离子含量进行控制，避免氯离子含量过多对施工质量造成严重的影响。

认真做好温度的控制，避免出现严重的混凝土裂缝问题。应该认真做好骨料的配置，合理选择添加剂的添加量，并尽量采用干硬性混凝土进行施工，这样可以显著降低混凝土

当中的水泥成分。在进行混凝土拌和的过程中，应该把握洒水的实际，这样才能达到冷却碎石的目的，进一步降低混凝土的浇注温度。如果是在夏季进行施工，就需要对混凝土的浇筑厚度进行控制，利用浇注层来的面积来充分散热。如果条件允许，还可以在混凝土内部敷设冷循环水管道，进一步降低混凝土内部的温度。在混凝土实际使用的过程中，其对混凝土性能的好坏，有着非常严格的要求，通过选择高性能的混凝土，有助于进一步提升混凝土抗裂效果，避免其表面出现严重的干缩现象。塑性裂缝在混凝土施工中也比较常见，为了避免该问题的发生，需要认真做好基础处理工作，更加合理对相关支架进行布置。在支架的应用过程中，可以使用面积测定法来测定混凝土表明应力，通过合理采用预压措施，来减少混凝土的非弹性变形。通过在混凝土内部加入一定比例的减水剂，可以有效避免泌水情况的发生，可以在一定程度上提升混凝土保护层的厚度。为了避免发生严重塑性干缩现象，应该认真做好混凝土的早期养护工作，避免出现混凝土水分挥发过快现象的发生。在具体应用的过程中，可以使用麻袋来对混凝土表面进行覆盖处理。在混凝土施工的过程中，应该认真做好浇筑时间和速度的控制。如果需要在夏季进行施工，应及时进行洒水处理，如果是在冬季进行施工，就需要采取合理的保温措施。

合理的施工方法也是保证施工质量的一个重要法宝。因此，工程方应该认真做好工程施工方案的设计工作，一切从施工的实际情况出发，从工程组织、施工技术、工程质量、施工进度、工程成本等方面进行全面分析，系统编制各种针对性的施工方案，努力做到技术先进、经济合理，在经过详细的审批后，才能进行施工。对待工程施工中的关键部位，为了降低施工的难度，有效保证施工的质量，应该多做几套施工方案，并对每套施工方案进行详细的论证，在综合考虑各种因素后，选择最为合适的施工方案。在对其施工过程中，工程人员应该亲临现场，对施工的情况及时进行掌握，及时发现问题，及时对施工方案进行调整。

随着时代的不断发展，对路桥工程施工提出了更高的要求。针对路桥工程施工中比较严重的施工裂缝问题，应该引起足够的重视，认真分析问题发生的原因，采取更加合理的施工技术方案，充分做好混凝土养护工作，最大程度避免该问题的发生。

第三章　路桥施工安全研究

第一节　路桥施工问题的探讨

　　近些年来，随着我国国民经济的飞速发展，我国各种基础设施建设也创造了历史高新，迈上了一个新的建设台阶，特别是以解决各种城市交通问题为主的路桥工程，更是呈现出前所未有的发态势。然而在这种社会发展基础上，各种路桥施工安全隐患也不断的涌现了出来，给施工带来了严重的影响，更是影响着整个工程施工和建设。本节就路桥工程中存在的安全问题进行分析，提出了相关的解决措施和应对策略。

　　自从改革开放以来，我国市场经济体制和国民经济踊跃发展，各种市政基础设施建设也创造了历史高新，已成为城市化发展中最受人们关注和重视的问题。特别是在近年来，随着城市交通拥堵问题的不断涌现，城市交通施工已成为人们关注的焦点话题之一。路桥作为目前解决城市交通问题的主要方法和措施，其工程越来越多，成为整个道路工程中最受人们关注和重视的环节。由于路桥在施工的过程中包含着各种材料的运输、人员调配以及诸多自然因素的影响，因此其是一个复杂而又繁琐，工期长且细致的工作方式，同时在施工的过程中其极容易受到各种因素的影响而出现一定的质量隐患和缺陷，因此就需要在工作中提前做好相关的预防措施和规范标准，且形成一套系统化的工作模式和管理体系。

　　在目前的社会发展中，路桥施工已成为我国基础建设中最为关键的一部分，也是解决现有城市交通隐患的基础性话题和工作模式。然而在路桥工程施工的过程中，其包含了各种材料的运输、人员的调配以及相关制约因素的总结与优化，因此其施工工程环节复杂、施工内容繁琐和施工难度高且极容易受到运输条件、天气因素、自然环境等外界影响的一种工程模式，这也就造成了路桥工程在施工的过程中存在着施工难度大、安全隐患高以及工程施工周期长的特点，这种问题的存在一方面造成了我国道路工程施工中存在着一定的质量缺陷与隐患，也造成了整个工程施工充满着威胁与安全隐患。因此在工程施工的过程中需要我们从多个角度加以研究和总结，从而使得整个工程施工能够达到我们工作标准和施工流程。

一、路桥施工中存在的安全问题

在目前的路桥工程施工中，还存在着极多的安全隐患和质量缺陷，这些问题的存在与出现造成了整个工程中存在着极为欠缺的质量隐患，同时也造成了整个工程中存在着一定的质量影响和缺陷，这也是目前工程中最受人们关注和重视的部分。在目前工程施工中，常见的安全问题主要表现在以下几个方面：

（一）企业自身组织缺陷较大

在工程施工的过程中多数企业和单位对于安全管理工作的认识不够，造成了在施工中对于施工图纸的理解不够科学和完善，使得整个工程中都存在着严重的质量隐患和缺陷，同时更是造成整个工程项目中质量隐患较为明显，同时在施工中各种人员的配备不够齐全，人员流动性能较大，造成了很多的细致工作难以合理的开展，这也就为工程施工质量和施工安全带来了一定的影响。

（二）安全制度不够规范

在安全管理工作中，由于多数企业对于安全管理认识不够，造成了整个企业在发展的过程中对于安全制度的认识不够，安全管理方面存在着一定的质量隐患和缺陷，这就造成了安全规章和制度的更新速度较为欠缺，同时也缺乏相关的指导性意见和可操性工作标准。

二、路桥施工中安全解决各种问题要点

在路桥工程施工的过程中，其中各种问题较为常见，因此在施工的过程中需要我们从多个不同的角度加以总结和完善，从而使得整个工程都能够得到有效的优化与完善，这也为工程的施工提供了安全保障依据，更是实现了系统全面的工作模式，为日后工程效益的发挥奠定了扎实的保证依据。

（一）完善路桥施工技术问题的措施

熟悉图纸。在目前的工程施工中，熟悉图纸已成为解决其中各种隐患的主要手段和方法，也是确保工程施工进度、施工质量都在预计范围之内进行的关键所在。一般来说，在工程中，通常都是采用最大限度优化施工工序的方法来针对施工中存在的问题加以完善和处理，尽最大限度去优化每一道工序，每一分项工程，同时考虑自身的资源及气候等自然条件，认真、合理地做好施工组织计划，并以横道图或网络图表示出来，确保每一分项工程能纳入受控范围之中。

做好技术储备。技术储备包括技术管理人员，技术工长及工人，新技术及新工艺的培训，施工规范，技术交底等工作。只有拥有高素质的技术管理人员，洞悉具体的施工现场、施工工艺，才能确保施工过程的每一工序步骤尽在掌握之中，才能对各方面突发情况准备好处理方案，以按时保质地完成每道工序。

（二）对于路桥施工材料安全问题的措施

材料供应。在路桥的施工过程中．必须针对设计方确定所需材料的型号、规格，在拿到图纸后组织做好工料分析，精心测算所需各类材料的数量及进货时间。以根据现场情况组织材料进场，确保现场材料供应。

材料采购。在得到材料采购单时，必须尽早进行市场调查，按工料分析提供的材料数量、型号、规格、产地等一一进行，尽早订货，并避免材料订购不符。进而影响工程进度。项目部在进场后立即组织了对施工主要用料进行的市场调查、摸底，择优选定供货方并签订了意向性合同，确保材料的及时供应。并防止工程大规模开展时材料上涨现象。

（三）路桥施工机械设备问题

建立健全机械使用维修保养制度。

编制机械设备使用计划。根据施工组织，认真做好机械的使用计划，做到有的放矢，减少做无用功现象，同时根据实际情况购置配件使用计划，做到不闲置浪费。在工程前期制定了切实可行的设备进场计划，保证进场后就有工程可干，避免了设备的闲置，减少了不必要的开销，降低了工程施工成本。

（四）路桥施工现场安全问题完善措施

建立健全各项管理制度。安全是效益之本，它直接关系到企业的生存和发展，也关系到职工的切身利益。在实际工作中，必须建立健全安全管理机构，建立安全管理制度，完善安全岗位职责，设立安全奖惩制度．将有关的安全措施落实到实处。

加强安全监督检查。对施工现场的安全管理除了靠制度约束以外，安全监督检查也是重要的防范手段。除了旬检、月检、季检及年度大检查外。还应经常进行专业检查，如防火、防爆、防盗、用电安全、高空作业、交通安全、机械设备的检查等．同时不定期的进行安全突击检查，也是对安全进行监督的重要手段。

路桥建筑施工因为其工程量大、工程复杂、人员多等等特点，而一直比较难以做到安全保证。在我国，每年都会发生大量的路桥建筑施工事故。这些事故不仅仅造成了施工单位经济的损失，甚至还造成了人员的伤亡。因此，作为路桥建筑施工的主体，一定要认真地抓好路桥建筑施工的技术问题、材料、机器设备以及安全问题等方面，无论任何时候都不可以松懈。

第二节 路桥施工安全风险评估

随着我国经济的快速发展，我国公路桥梁的需求量越来越大。为有效适应快速发展的社会经济，更好的满足更高层次的经济发展需求，道路桥梁的施工规模和范围逐步增加，但是随着工程量的增加，我国公路桥梁的安全事故发生频率逐年上升。为有效提高我国道路桥梁建设的施工安全，减少安全事故的发生，因此必须深入对路桥施工安全风险的认识，明确分析路桥施工过程中存在的安全隐患，重视建立健全我国路桥施工安全风险的评估方法，进而有效保障我国的工程施工安全。

路桥施工工程在其建设的过程中具有投入资金较大，建设工期较长以及施工难度和要求较高的特点，另外，由于在施工过程中一些不定性因素对于工程建设的干扰，使得路桥施工工程成为一个有着较高风险度施工项目。在路桥施工建设的过程中，不可避免的会遇到诸多问题和各种风险，倘若不对这些风险加以深入的认识和有效的预防和规避，则势必会影响路桥施工安全，对于施工过程无疑是巨大的威胁和潜在的安全隐患。桥梁施工前进行安全风险评估，找出科学合理的预防措施，达到最优的安全投资收益，是安全管理工作的目标。

一、公路桥梁施工总体安全风险评估指标体系

公路桥梁施工总体安全风险评估指标体系通常情况下包括两个大的体系，即事故发生可能性指标体系和事故后果指标体系。

事故发生可能性指标体制的考虑的侧重点主要在于路桥施工过程中的不安全性因素，而在诸多的不安全状态因素中，人作为路桥施工建设的不安全因素的主要组成部分，极容易导致各类安全事故的发生。由于人为原因而导致诸多安全事故发生的安全事件不计其数，因为人为因素的干扰和影响，安全事故的发生概率明显增大，毫无疑问，路桥施工安全风险评估体系中人为因素是一个极为重要的安全风险评估内容，但是由于人为因素诸多方面的影响，极容易导致安全风险评估结论同实际状态的有着较大的出入，笔者简要就其主要原因加以简要分析。一方面是由于人自身的行为的复杂性，且人不是一个静止的个体，人的动态性更加加剧了不安全事故的发生，这种静态的指标评估方法难免在进行评估的时候产生较大的误差。另一方面，工程项目的转包和分包现象极为普遍，这也就间接的导致人员流动性的增大，造成评估对象的极不稳定。

二、路桥施工安全风险评估过程分析

通过以上对我国公路桥梁施工总体安全风险评估指标体系的认识和了解，不难看出一套规范的、合理的、科学的施工安全风险评估的重要意义，以下笔者简要就路桥施工安全风险的评估过程和有效推动其发展的策略加以分析。

（一）安全风险评估过程

随着工程项目建设的展开，需要根据项目规模、地形地貌、气象特征、工程地质、施工方案、工程特点及难点等孕险环境与致险因子，对项目总体安全风险进行评估，再根据

评估结果对危险源进行识别和分析，进行评估单元的划分和现场安全的调查并定性、定量评估其安全风险等级，提出安全对策措施及建议，做出安全评估结论，编制安全评估报告。

（二）风险预控措施的精细化

施工安全风险评估的过程，其较为重要的一方面内容就是降风险预控措施的精细化，无疑这是一项极为重要的推动安全事故降低的举措。

1. 建立健全风险源普查和管理体系

对于风险预控措施的精细化，首先要从源头上抓起，要注重落实路桥工程的实际情况，对风险源加以有效的排查和检测，并在路桥工程的建设当中，随时根据工程进度对风险源的认识加以深入，并且对于风险源的动态数据保持及时性，及时更新，及时扩充或者增减数据。

2. 定性的评估方法的选用

采用定性的方法对风险事故发生的可能性及严重程度进行估测，对于有效分析危险的复杂性具有十分重要的意义和作用。这也是深入了解危险的一个极为重要的步骤，在我国目前所进行的工程安全风险评估体系中，一般对于缺少详实资料的风险概率估计大多由专家执行，但是必须保证的是专家的判断必须立足现实，真实可靠。

（三）施工现场安全责任的落实

路桥施工企业的相关领导人员必须高度重视我国的路桥施工安全风险评估体系的重要性，保持对施工现场安全的高度的责任意识，工作分配中要责任到个人，保障专职安全员对项目施工现场的安全检查和汇报，而这就对于安全员自身的素质等有一个较高的要求。要合理选择作为安全员的理想人选，可以从职员的从业经验、文化素质以及心理素质等诸多方面对其加以筛选和任命，有效推动路桥工程施工现场的规范性建设，进而更好的提高我国的路桥质量。

（四）规范施工现场安全管理工作

只有有效对施工现场加以规范化和科学化的建设，才能够保障施工环境的安全性。通过规范化的日常管理，可以有效的明确责任，落实施工现场相关的安全隐患。在我国《关于开展公路桥梁和隧道工程施工安全风险评估试行工作的通知》中明确论述了关于施工安全风险的可预测与可控性，有效的对现场安全管理工作加以规范则很好的落实了预防理念。其中规范化的安全理念包括系统安全工程理念以及班组安全理念两个大的方面。

（五）安全监管机制的建立健全

加快安全监管机制的建立和健全，严格对施工现场安全责任落实和监督。合理高效的安全监管机制有助于不定时的对于施工现场的检测和抽查，对存在安全问题的、安全隐患的工作场地严格批评，并监督其限期改过，对没有落实安全责任的，必须责令其整改，而对于那些整改后仍然不合格的则要进行严格的惩罚,进而有效督促我国施工现场安全的责任落实。

我国经济的快速发展对于路桥工程的整体质量提出了更高的要求,路桥工程的建设和发展与我国广大人民群众的切身利益息息相关,因此必须重视对齐国路桥施工安全风险评估体系的建立和健全,高度重视施工环境的安全和规范。笔者衷心希望,以上关于对我国路桥施工安全风险评估方法和过程的探究能够被相关负责人合理的吸收和采纳,增强对我国路桥施工安全的责任意识,有效提高路桥的施工质量,保障广大工作人员的生命安全,进而更好的推动我国路桥工程的长远发展。

第三节 高速公路路桥施工安全控制技术

对于高速公路路桥施工建设安全管理,我们一定要进行综合考虑,本节主要讲述了关于从施工人员、施工外部环境、施工技术等等进行有关高速公路的建设控制,提出了有关的建议,并且只有从龙头上消除安全隐患,杜绝安全隐患事故的产生,才可以全面堵截施工中的安全管理存在的漏洞。

高速公路是国家建设中的动脉工程,极大地提高了人力和物力的流通,促进了国民经济的发展。因此公路建设有关单位要做好高速公路施工质量控制,确保高速公路工程的施工质量,促使高速公路能够发挥其作用,经过有关的实验总结可以得出,一般导致公路桥梁出现安全因素有以下几个原因,首先是人为因素,比如在进行施工中,施工人员的素质比较低,就会存在一定的安全隐患,然后就是有关施工技术设备的影响,最后就是关于外界环境的影响,以下就对他们进行具体的分析。

一、安全性影响因素

对于高速公路桥梁施工安全评估必须考虑四个方面,主要是人员、物、环境及管理等因素。

(一)人员因素

人员因素主要是指施工人员由于不安全行为导致的高速公路桥梁施工中不安全现象发生的因素。关于高速公路桥梁安全事故的诱因绝大部分是由于施工管理人员失职而引起。关于施工人员的不安全行为有多种表现形态,概括起来有:施工人员安全生产观念不强、现场操作人员专业技能未达标、专业防护不合理或不到位、违规操作、安全护具使用不到位或未使用合格的安全护具、对易发生安全事故的隐患未发现或发现后未及时采取有效措施等。导致上述不安全行为的原因同样有多种:专业培训不到位、人员心理蔑视、工作态度不端正、班前饮酒精神恍惚、疲劳上工等等。

（二）物的因素

物的因素是导致高速公路桥梁事故产生的诱发因素，物的不安全性是施工建设中的危险源，但并不是事故发生的直接原因。物涉及到工程工料、机械设备、施工工具、安全护具设备等。物的不安全状态主要是指工程供料不达标、施工工具损坏、机械设备设计存在缺陷或损毁后未得到及时维修、安全护具等存在不足或失效。

（三）环境影响

环境对高速公路桥梁建设施工的影响是渐变性，概括为两大方面——自然环境、生产施工环境。主要包括所在区域的地质地貌、空间限制、水文情况以及施工温度变化、湿度大小、光照时间、通风情况、空气含量、噪音、粉尘颗粒等。

（四）管理因素

管理因素是导致高速公路桥梁施工事故的根本原因。这涉及到多方面，从施工前期施工现场的考察，施工方案的设计、安全管理制度的制定、员工安全培训不到位，到施工过程中指责混乱、施工程序混乱、施工人员执行力度不够、质量安全监督疏忽，再到工程验收过程中检查不到位、整改措施没用针对性。

二、施工安全控制策略

（一）加强人员控制

对于施工人员控制，主要从三方面：专业技能、心理态度、生理健康。对于专业技能方面，规范其工作技术动作，并定期进行技术能力培训与考核。对于心理态度上，要定期对施工人员进行安全培训，增强其安全生产责任意识，端正劳动态度，加强劳动纪律，严格听从施工负责人指挥。对于生理健康方面，禁止班前及班中饮酒，施工时间应尽量在白天进行，并且每班组连续施工不超过 8 h，保证施工人员有充足的睡眠。定期给施工人员举行文娱活动，放松其精神。

（二）提升管理质量

施工前期，做好实地考察及相关材料分析，做好施工流程，成立完善的施工安全管理机构，并且制定合理的安全制度、劳动纪律，加强人员安全培训，并有专人负责。在施工中明确职责、理顺施工顺序，加强考勤管理、安全施工监督管理。在施工结束后，应加强安全检查及质量检查，发现问题及时选用有效措施，并追踪到底。

（三）从外部环境提高公路的安全控制技术

整个高速公路的稳定性能，是保持公路安全性能的基础。外界不稳定的因素往往会导致一定的安全事故，并且通常还是事故发生的直接原因。所以，对于外界环境，一定要加强有关的控制管理。有关的实践证明，采光照明、色彩标志、环境温度、以及施工现场的环境因素对于整个工程的顺利进行都有着一定的影响。施工现场的采明，要同时满足两个条件，第一个就是一定要满足正常的施工，然后就是一定要减少人的疲劳和不舒适的感觉，保证有关的灯光要满足人的正常心理需求。在工程进行中，当光线发生改变，眼睛需要一定的过程才可以进行适应变化后的光线。所以，如果一个人从光线比较强的地区走向光线比较弱的地方，都需要眼睛进行一定的逐渐调节，才可以正常的工作，但是在进行完全调节以前，是不可以正常的工作的，及时工作也会存在一定的安全隐患。所以，在高速公路桥梁建设中，一定要调整好有关的光线，使得满足人类有关的生理需求。

在外部环境中，温度也是一个非常重要的因素，温度的高低直接影响到了工程的安全性能。总所皆知，如果在一个非常高或是非常低的环境下，人们就会出现一定的浮躁心理，导致工程不能顺利完成。但是如果外界环境比较接近人的体温时，就不会出现不适、头晕或是恶心的现象，舒适的温度还会促进工作人员的积极性，加快工作员工的工作效率。如果外界温度不适，就会出现人体散热量增加，手脚冻僵，动作灵活性降低，稳定性能比较差。

当然，为了促进整个工程的顺利进行，一定要保持施工现场的整齐度和干净度，不断清理施工现场的垃圾，积极清理现场，并且施工的噪音还要控制在一定的范围内，只有当工作人员的心里得到了一定的舒适，才会更高的降低安全系数，提高整个工程的安全性能。

（四）从施工技术提高安全控制

技术在进行施工中，一定要加强有关的检测力度，只有确定严格审核以后，才可以进行有关的施工。所以，整个施工技术对于工程影响也是非常的大。比如在进行挖孔桩施工时就应该做到有关的要求：当挖孔较深或是有渗水的时候，就应该采取孔壁支护以及排水、降水等各项措施，严禁出现坍孔的现象。并且当孔壁稳定及吊具设备时，要进行经常性检查，还要有专门人进行监督，并且还需要设置高出地面0.3m的井圈，孔口还要设置防护栏杆。有关作业人员的出入一定要准备适应的梯子，尤其要加强安全防范措施。并且如果在进行夜间活动时，一定要挂示警红灯，当整个挖孔暂停时，孔口还要设置罩盖以及其他的有关标志。有关施工人员在进行孔内挖土工作时，头部一定要设置安全保护措施，戴上头盔或是要设置护盖，当取土吊斗升降时，挖土人员一定要在护盖下面工作待避，并且相近两个孔口之间，一孔要进行混凝土浇筑，则另一孔的挖土施工人员就要停止有关的工作，并且还要立即准备好撤离工作，防止出现有关的安全事故。

（五）完善物的控制对于物的控制

首先要严把施工工料关，不能以次充好，偷工减料。对于机械设备必须定性检查保养，确保其施工安全性、可靠性。安全护具选用合格产品，定期维护，合理正确使用。必要时可以依据施工实际需要，向厂家提出改进的建议。

对于高速公路路桥施工建设安全管理，我们一定要进行综合考虑，本节主要讲述了关于从施工人员、施工外部环境、施工技术等等进行有关高速公路的建设控制，提出了有关的建议，并且只有从龙头上消除安全隐患，杜绝安全隐患事故的发生，才可以全面堵截施工中的安全管理存在的漏洞。

第四节 路桥施工工人安全培训工作

施工的安全问题一直以来都是社会的热点问题，对安全施工产生影响的因素较多，其中最为主要的是施工工人的安全问题。施工工人在整个施工阶段中，不仅仅是安全隐患的核心，同时也是安全事故最大的受害者。文章分析了当前建筑行业中农民工的现状，了解施工工人的文化程度及施工企业的培训程度；得出目前建筑行业中存在工人准入制度缺乏、工人后续教育不足、安全技能掌握较少、安全设施建设不够充分及过分追求效率而忽略了工人的安全等问题。基于此，提出路桥施工工人安全培训的有关措施，以期为今后建筑工程的安全施工提供保障。

在我国路桥建设过程中，路桥施工企业的数量也在不断增多，路桥施工工人是整个施工项目的一线工作人员。在施工中，不仅要重视路桥施工的质量问题，更加要保障施工工人的安全，将安全事故降到最低。然而，大多数路桥施工工人并没有很强的安全防范意识，因此对工人开展安全培训工作具有很大的现实意义。

一、路桥施工工人安全工作现状

通过对有关资料的统计分析发现，整个建筑行业的工人中，有82%均为农民工，这种情况在路桥行业当然也不例外，其结构形式中以施工总承包为主，专业施工企业为骨干，劳务作业为依托。从当前的情况来看，这种业务形式不够成熟，表现最为突出的地方则是由分包单位主要提供施工一线的劳务人员，这些人员中大多数为农民，条件的不足导致他们普遍文化素质较低。但是，提供劳务分包的单位大部分是个人承包，通常为了提升经济效益都会选择"重使用、轻培训"的管理方式，导致工人安全问题得不到保障。路桥施工工人安全问题主要表现为以下几个方面。

（一）工人准入制度缺陷

我国建筑市场中，普遍采用的用功模式为"包工头"模式，即以"包工头"为主，领导部分农民工进行劳务活动。其中，大部分工人都是短期工作，一般只是完成某一施工项目，因此并没有进行安全培训就匆匆加入施工队伍中，同时也未进行严格的体检，岗前培训考核不足，在施工项目岗位工作并不具备有关安全的基本常识。在进行一些高空作业时，部分工人可能存在恐高症，但由于生活的压力也不得不去做，这种现象并不多见，但依然存在。因此，施工工人制度不完善，对工人的安全产生了很大威胁。

（二）工人后续教育不足，缺少安全技能

路桥施工涉及各个相关方面，分部、分项工程和工序的差异、施工方式的差异及施工环境的变化等，这些都会妨碍对工人开展后续的教育与培训，工人因此无法掌握更多的安全知识。路桥施工中的工作内容有混凝土浇捣、模板的安装、加工钢筋等，这些工作一般情况下由专人负责，具有非常明确的分工，在这种工作状态下，工人往往明白自己负责工作的危险源，但并不清楚其他工作的危险源，这就提升了施工的整体危险性。

（三）安全设施不健全

当前，大多数"包工头"都是个体户，并不具备非常雄厚的资金支持，而且还想着能够多获取经济利益。因此，只有节约成本，降低安全生产投入资金。在为工人准备安全帽、面罩、电工手套等安全防护用品时，往往质量不高，或者质量较高但到了该更换的时候迟迟不换。这些安全防护用品，如果使用年限较长，甚至超过了使用期限，就会失去安全防护的作用。

（四）过于注重效率，未提供安全保障

无论是在路桥施工中，还是在其他的建筑类行业中，依然存在过分追求效率的现象。然而，施工工人追求效率的方式较为简单，往往会为了质量和效率而选择一些违章违纪的方式，比如在高墩施工的过程中，工人为了加快施工速度，抱着侥幸的心理，构建的操作平台并不安全，有些只是使用一两块简易木板，有些工人甚至在较高位置作业时不使用安全扣，这极大地提升了安全事故的发生概率。

（五）施工管理缺陷

（1）施工企业的领导不重视工人安全培训，一味追求工期及进度，这种情况在旱季更加突出，许多工人常常超时超负荷作业，导致身心疲惫，在施工中容易出现安全事故。

（2）项目安全管理制度缺乏，管理工作的环节和细节也没有清晰指出；在施工现场的管理人员没有技术能力指导工人更好地作业，只能凭借工人积累的工作经验。

（3）目前，我国已经出台了《建设工程安全生产管理条例》，但有些管理人员依然不纠正工人的一些违法违章行为，没有做到以身作则。

（4）工程施工使用的机械设备期限较长，部分设备没有及时维护和修理，存在很多安全隐患；施工企业管理人员为了节省设备成本，忽视了工人的人身安全问题。

二、路桥施工工人安全培训工作措施

（一）落实岗前培训，保证持证上岗

施工工人在上岗之前必须进行培训，培训人员可由施工企业或者包工头担任，如果由

包工头负责，也需要施工企业相关管理者进行监督，保证培训到位。在岗前的安全培训要严格依照上级安全检查部门的要求进行，强化安全生产对其三级教育的重视度，放在首要位置。对班组、项目部及公司相关人员进行安全培训，之后准备安全考试，只有符合考试标准的工人才能够持证上岗。岗前培训主要是让施工工人了解本次施工的大致内容、技巧及工期，在了解这些内容的基础上，严格明确施工质量和施工安全的重要性，使工人树立个人安全意识，不要过于追求施工效率，要将个人的安全放在首位。在工人上岗之后，要严格考察工人是否时刻遵纪守法，是否坚持安全生产，同时开展科学、合理的管理，如果发现有工人违纪操作，并引发安全事故，则应凭借违纪和事故的后果处置，并记录到个人档案中。

（二）合理安排培训内容

在进行安全培训的过程中，需要掌握工人的年龄、文化教育水平，将安全培训工作分为不同类别、工种开展；明确培训的内容，向工人介绍详细的国家安全法规，以及有关的方针政策，介绍施工企业的安全生产管理制度，并作为核心内容进行重点培训；进行不同工种操作技能的安全培训，使其不仅掌握个人负责的工种的危险源，同时也要了解混凝土浇捣、安装模板等多个方面的危险源，共同为整个施工工期内的安全提供保障。在落实安全培训内容的基础上，要考察工人在作业中对某项技能的掌握情况，不定期地抽查并检验，对于工人掌握不足的地方要进行详细、耐心的指导，若工人对某项技能的掌握非常全面，也可让其教导其他工人，为工人的工作提供更多的安全保证。

（三）规划安全培训模式

工人的数量较多，其差异也非常明显，安全培训的差异不仅仅体现在文化教育水平和年龄阶段上，同时也体现在施工内容的不同。因此，在为工人进行安全培训时要选择合适的安全培训模式。这就需要施工企业制订常年的培训方案，对所有工人都能够保证定期的培训，使其掌握各个施工阶段中存在的安全问题；针对新来的施工工人，要对其及时开展安全培训，并针对重点岗位制定重点培训内容，向工人强调重点施工的安全内容，以实现对安全生产培训的全面落实。

（四）充分融入安全教育制度

安全教育能够在很大程度上提升工人的安全意识，让安全教育作为企业文化的一个重要部分，贯穿于施工企业的各项活动中，潜移默化地增强全体员工的安全观念，形成良好的施工氛围。在施工现场，可以张贴安全生产的宣传栏，设置清晰的事故案例示警图，这样不仅以往的施工人员能够保持安全生产，也能够让新的施工人员感受到安全生产的氛围，保证整个施工中工人的安全。

路桥施工工人安全培训至关重要，关系到工人的人身安全、施工企业的声誉等，通过本节的分析能够看出，施工工人安全培训要充分落实岗前培训、制定合理的培训内容，具备完善的培训模式,为工人进行安全教育,从而为工人的安全作业提供保障。基于此,我们能够看出,施工工人的安全主要在于施工企业领导的重视、"包工头"的负责,只有施工企业加强安全培训制度,合理监督施工过程中安全问题的落实情况,才能增强"包工头"对工人安全的责任心,通过安全培训和加大安全设备,为工人的施工做好完全的防护。综上所述,在未来路桥施工中,施工企业必须将安全培训和安全教育贯穿企业各项活动中,逐渐提升施工工人的安全意识,保证整个施工项目安全、顺利地完成。

第五节　路桥施工设计安全性及耐久性

以路桥设计为切入点,结合实际的工作经验和相关的理论知识,对影响耐久性和安全性的有关问题进行了总结和分析,并提出了针对性的解决建议,以提高路桥建设水平,保证其使用安全和使用寿命。

社会经济的发展在一定程度上带动了我国交通运输行业的发展。但是,在交通运输业发展的过程中出现很多问题,对于施工方来说,在出现问题的时候就要及时进行解决。随着交通运输业的发展,在路桥设计工作进行中,施工方更应该注重安全性和耐久性。

一、路桥设计工作的现状

(1)在进行路桥设计工作时设计方案和管理制度不够完善。对于路桥设计来说,有一个好的设计方案对路桥设计工作是否能够平稳顺利地进行起到至关重要的作用。施工方在进行路桥设计工作的同时,应该创建科学合理的设计方案,有了正确的方案,才能为路桥设计工作提供一定的保障。在进行路桥设计的过程中,施工方的工作人员应该注重自身科学文化素养的培养,扎实地掌握足够的理论知识,培养自己的实践经验,按照正确的施工方案进行施工。

(2)施工管理的力度不够强大。路桥坍塌会对我国交通运输业造成一定的损失。不仅会造成经济损失,还会威胁到工作人员的人身安全。相关的研究显示,路桥建设中出现问题,主要原因是施工方缺乏足够的实践经验,或者是施工方没有完善的管理制度。施工方对施工人员的要求不够高,同时,如果施工人员本身没有足够高的职业素养,并且没有足够的实践经验,路桥建设工作的进度会受到影响,同时质量也得不到保障。如果施工方没有建立科学合理的施工方案,在施工过程中,还没有足够强大的管理力度,在一定程度上会影响该工程的质量。在路桥设计工作中,应该注重施工的耐久性和安全性。

(3)以赣江大桥为例,分析路桥施工设计的安全性与耐久性。赣江大桥作为千里赣江第一桥,将赣江两岸紧紧地联系在一起,传承两岸的历史文化。赣江大桥的路桥设计需要施工方和相关部门坚持高质量、高水平、高效率的"三高施工原则",为了给施工方营造良好的施工环境,需要相关部门做好协调工作。为了保障大桥的施工质量,需要施工方在施工过程中注重路桥设计的安全性和耐久性。

二、路桥设计工作缺乏安全性和耐久性带来的影响

(1)给社会带来一定的经济损失。路桥的施工质量影响着社会大众生活中的各个方面,路桥的施工质量对于交通运输业的发展起到至关重要的作用。对于施工方来说,设计工作中的安全性和耐久性是一项核心问题。路桥建设过程中,是否能够遵循安全性和耐久性,直接关系到路桥的质量,路桥的建设质量好就会给社会带来一定的经济效益,相反的,也会给施工方甚至是社会大众带来一定的经济损失。

(2)引发安全事故。施工方在进行路桥设计过程中,如果盲目地追求经济效益,就会忽视路桥的实际建造意义,同时也会给交通运输带来安全隐患问题。在设计过程中,如果施工方没有充分地考虑当地的实际情况,或者施工方忽略了实际问题,就会使施工进展程度存在滞后性,不但会严重地阻碍施工进度,还会损害工程质量。

(3)阻碍社会的发展。路桥设计的安全性和耐久性直接关系到社会大众的日常生活,在一定程度上还直接影响我国社会经济的发展。如果在路桥设计中,施工方能够足够重视安全性和耐久性,在一定程度上将能够带动我国社会经济的发展。

三、提升安全性与耐久性的措施

(1)完善相关工作制度。在交通运输行业的建设发展中,很多施工单位都没有相关的制度保障,施工方在施工管理过程中没有相应的管理依据。因此,施工方应该建立科学合理的相关制度,为交通运输行业的管理工作提供保障。施工方的工作人员应该注重对理论知识的掌握和对应用实践经验的培养。

(2)提高对路桥设计工作的重视度。施工中,不论是施工初期还是施工过程中,施工方都应该注重对路桥建设的安全性和耐久性。培养施工人员本身的科学文化修养,结合他们对路桥建设安全性与耐久性的认识,可以对路桥的建设质量提供一定的保障。另外,施工方应选择合理的施工材料,并且对施工人员进行实践能力的培养。在路桥设计过程中,应该坚持以人为本,遵循客观事物的发展规律,创新施工的思维与方法,通过科学合理的方式进行施工,不仅能提高施工人员的作业效率,还会为路桥设计提供质量保障。

(3)注重路桥承重量的情况。路桥的承重量是一项很重要的问题,很多路桥的实际承重量都远远超出设计的承重量。如果路桥经常行驶超载车辆,就会减少路桥的寿命,使路桥的质量受到破坏,很容易引发交通事故。出现交通故障问题不仅会威胁到人的生命安全,还会在一定程度上损害社会经济。对于施工方来说,在进行路桥设计工作时,应该注重对路桥超载情况的审查。

(4)提高施工人员的科学文化素养。施工方应注重对施工人员进行科学理论的培养

与应用实践能力的练习,在提高施工人员科学文化素养的同时,为施工质量提供一定的保证。施工方应该建立科学合理的培训机构,大力培养施工人员的实践能力。坚持以人为本,遵循社会大众的发展规律,创新路桥的设计理念,科学合理地进行路桥的设计工作。提高施工人员的科学文化素养,在一定程度上促进施工工作的顺利进行。

(5)创新路桥设计的工作理念。施工方在进行桥梁设计的时候,都会请来专业的设计师对桥梁的建设工作进行科学合理的设计,设计师在对桥梁进行设计的过程中往往都会参考历史的经验和教训。不论是施工方还是设计师,在进行路桥设计时,不能一味地按照以往的经验进行设计,应该创新设计理念,在以往的路桥设计理念上进行创新,不仅会促进桥梁设计工作的顺利进行,还会对桥梁质量进行质量保障。

(6)完善路桥设计规范。在路桥建设工作进行中,如果施工方足够重视安全性和耐久性,就能够在一定程度上降低交通事故发生的概率。在施工中,应该完善遵循设计规范,在提高作业效率的同时,还要保障工程的质量。施工方在进行施工中,由于各种因素,很难避免出现或多或少的问题,因此施工方在进行施工工作的时候,更应该注重路桥的安全性和耐久性,只有路桥的安全性和耐久性得到一定的保障,才会使路桥的建设工作能够平稳顺利地进行下去,在促进交通运输业发展的同时,也能够带动社会经济的发展。

要保证路桥工作中的安全性和耐久性,施工方在进行施工工作的过程中,应该坚持以人为本。注重对实际情况的审查,注重对施工工作人员本身科学文化素养的培养,创新施工理念,完善施工制度,这些措施在一定程度上都会促进我国路桥建设工作的发展,同时也会促进我国交通运输业的发展。随着我国交通运输业的发展,也会带动我国社会经济的繁荣发展。

第六节 路桥施工中安全生产事故的预防

路桥工程实施期间,即使对工程施工进行严格控制,在实际施工中仍会出现安全生产事故。因此,预防施工中安全生产事故,各路桥施工企业及各项目部应提高对安全生产的重视程度,合理的进行路桥施工的安全生产管理。

一、路桥施工工程的特点

路桥施工,是一个复杂而且要求细节完善的工作,也是一个将设计意图、设计图纸转换为工程实体的过程。

施工周期长、露天作业多、受自然环境和气候条件影响大,特别是在风雨季表现更为明显。

路桥工程施工的条件差异很大、可变因素多,每个工程的地质条件、周围环境因素都千差万别。

立体交叉施工、高空作业多，路桥施工时在同一个工作面可能存在多个工种的交叉作业，增加了安全管理的难度。

手工操作多、劳动强度大、体力消耗大。路桥工程施工中人数众多的施工人员容易造成安全事故的发生。因此，路桥施工工程一定要坚持安全管理原则。即坚持安全与生产同步，管生产必须抓安全。安全溶于生产之中，并对生产发挥促进与保证作用。在生产活动中对安全生产工作必须是全员、全过程、全方位、全天候的动态管理。制定安全管理措施。制定切实可行的安全管理制度和措施是加强施工项目安全管理重要的方法和手段。根据施工生产特点，对生产各因素状态的约束和控制，要落实安全责任，实施责任管理，加强安全教育，例行安全检查。

二、关于路桥施工安全生产事故的体现分析

（一）严重性

路桥施工过程中发生安全生产事故，其影响往往较大。会直接导致人员伤亡或财产的损失．给施工人员的生命和财产带来巨大损失，重大安全事故往往会导致群死群伤或巨大财产损失。

（二）可变性

许多路桥施工中出现的安全生产事故隐患并非静止的。而是有可能随着时间而不断地发展、恶化的，若不及时整改和处理，往往可能发展成为严重或重大安全事故。因此，在分析与处理工程安全事故隐患时。要重视安全事故隐患的可变性。应及时采取有效措施，进行纠正、消除，杜绝其发展恶化为安全事故。

（三）复杂性

路桥施工工序的复杂性特点，决定了影响路桥工程安全生产的因素很多。造成安全生产事故的原因错综复杂，即使是同一类安全事故，其发生原因可能多种多样。如，同样是桥坍塌故。对于不同的桥型，不同的地质条件及不同的施工工艺，事故分析后得到的事故原因可能是相差天差地别的。这样，对安全事故进行分析时。就增加了判断其性质、原因（直接原因、间接原因、主要原因）等的复杂性。

三、施工现场安全管理的重要性

众所周知，公路、桥梁工程勘测具有线长、量大、时空跨度大的特点，是一项涉及面广、工作条件差、劳动强度大的社会综合性工作。整个过程分为平整场地、修建临时道路、机械设备装运、搬御安装、桥墩柱基的钻探、岩心取样、构件的现场浇筑、测试及吊装、

吊装设备的现场移位；路基岩体的爆破、挖运、碾压等项目。由于这些工程项目勘测、施工的特殊性，同时又以人工体力劳动为主，决定了此项工作的不安全因素多，意外风险概率较高的特点。所以推广应用安全管理系统工程管理办法，对减少避免各类事故的发生，保障施工人员的人身健康和安全，提高生产率，增加经济效益和社会效益，具有重要意义。

由于路桥工程的行业特点，路桥工程施工的特殊性，从业人员的构成及流动性大的特征，使路桥工程业成为仅次于采矿业的重大事故频发的高风险行业。安全生产事关人民群众的生命财产安全和社会稳定，搞好安全生产工作是切实保护好人民群众的切身利益的具体体现。

四、路桥施工工程安全生产管理

（一）确定安全管理目标

路桥施工单位为了确保整体目标的实现，在全面推广工程的同时，要制定相应的安全目标责任制，建立健全一套由主要领导负责，职责分明、组织严密的管理办法和安全网络体系。同时要充分运用安全系统工程理论，对各方面因素和信息进行调查总结并通过科学定量分析，确定安全生产管理目标。

路桥施工单位的安全管理目标，要结合野外施工的性质和特点，依据安全管理总目标，以人为本，确立以人身安全为主要内容，以"坚持安全第一，预防为主，综合治理"，"防重于抢"、"防患于未然"为原则，以"杜绝重伤、死伤事故、减少其他事故"为目的的安全管理具体目标。只有强化安全生产管理，才能保证职工的人身健康和生命财产安全，才能更好的发挥工人对工作的创造性和工作积极性，更好的发展生产，才能更好的维护国家利益，集体利益和个人利益。

（二）建立健全安全网络体系

要实现安全管理目标，必须建立健全一个由单位领导具体负责，责任分明，组织严密的网络体系，对安全生产进行全面管理，使目标层层分解、落实到班组、个人及每个生产环节。落实安全生产责任制，强化企业安全生产责任，健全安全生产监管体制，严格安全执法，加强安全生产设施建设。

（三）利用科学的方法对事故进行预测，遏制影响安全生产的事故

为了确保整个工程施工过程中的生产安全，利用科学的方法对工程规模、地质地貌所产生的不安全因素进行分析预测。在分析预测过程中要进行总体预测、分期预测、阶段预测、单项预测。在总体预测中，要对整个生产过程和总体规划进行预测；在分期预测中，要做出分期评价并定出可行的分期措施；在阶段预测中，要进行阶段评价，并制定出相应的阶段措施；在单项预测中，要对项目进行评价并制定出相应的具体措施。总之，对影响

安全生产预测的目的，就是要落实好每一项具体措施，消除影响安全生产的隐患。

（四）对项目进行具体管理和监管

根据路桥施工过程中易发事故的种类，可分为安全措施、安全设施、机械设备、施工工艺等项目。为了确保在各项目中安全目标的实现，在整个施工过程中要有专人管理，定期进行科学、可靠性检查，并对此做出分析和科学评价，落实好各项制度和措施以达到预期的安全效果。

（五）提高施工人员的素质

路桥的施工安全管理，是一项很细致的工作，由于路桥施工线路长，交叉作业面多，设备投入量大，人员工种特别是特殊工种极多，且均为露天作业，所以管理难度极大。因此，提高施工人员的素质是路桥工程施工安全生产管理的一个重要环节。只有施工人员的素质提高了，安全生产管理才能更加有效。因此，加强对施工人员素质的培养，是提高路桥施工工程安全性的重要环节。

（六）总结归纳实践经验，对易发事故进行科学定量分析

安全生产的各种制度、方法、资料、数据与经验都是对安全系工程进行科学分析和定量评价的重要依据，根据这些依据，在安全生产系统管理中做出准确的定量分析和安全评价，制定出正确的、有效的、切实可行的安全防范措施。

坚持安全管理重在控制与预防，因此，要坚持贯彻"安全第一，预防为主"的方针，做好预防、消灭事故，防止或消除事故危害，保护人员的安全与健康。安全管理的目的不仅是处理事故，更重要的是在项目活动中针对项目的特点，对生产要素采取有效措施，对项目中人的不安全行为和物的不安全状态的预防，将可能发生的事故消灭在萌芽状态。

第七节　路桥施工机械租赁安全隐患

随着市场经济体制改革发展，机械设备的管理由传统的生产性服务目标转变成在市场经济体制下的经营性服务目标，这就极大的推进了机械设备租赁行业的发展。在路桥施工建设中，相关机械设备租赁是很好适应路桥施工建设的方法及手段，这样可以提高机械设备的利用率、减少机械设备的闲置时间、降低施工单位的设备购置风险等，可以简化机械设备维护以及管理方面的工作。但在施工机械租赁方面也存在着一定的安全隐患。本节阐述了路桥施工机械租赁方面的安全隐患，希望对有关人士能有所帮助。

随着市场经济体制改革发展，机械设备的管理由传统的生产性服务目标转变成在市场经济体制下的经营性服务目标，这就极大的推进了机械设备租赁行业的发展。在路桥建设施工中，施工机械是最主要的生产因素，在路桥施工管理过程中采用租赁施工机械，可以

很好的对相关机械设备进行优化配置，可以对施工机械费用进行单独的核算，采用动态管理的方式来提升机械设备的有效利用率，可以盘活施工单位的资金用途，对于充分的利用资金资源具有重要的作用。同时，施工过程采用租赁的施工机械，由于主管以及客观方面的因素导致施工过程中存在着很多的安全隐患。

一、路桥施工机械租赁的现状

（一）路桥施工单位对于施工机械租赁的认识程度不足

虽然经过了多年的发展，但是我国的路桥施工单位仍然采用传统的封闭式管理模式，这样就严重遏制了路桥施工单位对于施工机械租赁的积极性。另一方面，现今的路桥工程建设采用的都是招投标的模式进行施工单位的选择，大多数业主的招标条件之一就是具有大量的、先进的、高效的机械设备，以此作为衡量投标单位资格的标准，这就使得很多的施工单位花费大量的资金进行相关机械设备的采购，以此来显示施工单位自身的实力，从而不会考虑采取租赁的形式获取所需的施工机械。

（二）所采用的施工机械租赁的形式比较单一，相关政策不健全

在现今的路桥施工中，施工单位进行机械租赁的形式往往是单一方面的经营性租赁，而对于融资性租赁以及代理性租赁等形式没有涉及或涉及的较少，使得这些形式发展的也相当的缓慢，没有建立起具有多种形式的施工机械租赁市场。同时，我国的施工机械租赁行业的现状不能很好的适应路桥工程建设发展的现状，主要体现在市场化、规范化的管理，租赁行业的规模以及实力，行业自律等方面。同时由于我国在工程机械设备租赁方面的相关规定、政策以及制度体系等方面还存在很多不完善的地方，使得路桥机械的租赁行业发展还有很多的不规范的地方。

二、路桥施工机械租赁的安全隐患

伴随着施工机械租赁行业的逐渐发展，施工的主体单位与提供相应机械设备的主体单位逐渐的分离，专业的施工机械租赁企业作为施工机械主体所起的作用越来越大。在路桥施工过程中，施工机械租赁所涉及的范围较广，具体实施环节众多，在机械租赁的整个周期中不可预见的因素对于租赁的安全性影响较大，使得施工机械租赁管理存在着很多的问题。

近些年，我国的很多地区在路桥施工过程中相继发生了脚手架倒塌、施工机械由于自身质量以及操作问题造成伤人的情况，造成了国家以及公民生命财产的重大损失。

路桥施工中发生的各种安全事故，主要包括如下几种类型：

①高处坠落事故；②施工坍塌事故；③物体打击事故；④机械伤害事故；⑤触电、溺水、火灾等安全事故；⑥起重作业事故；⑦交通事故；⑧管理因素事故。

据相关资料统计，在路桥施工所发生的安全事故当中，由于施工机械租赁引起的事故占到50%以上。

三、路桥施工机械租赁的安全隐患的原因

（一）机械本身的原因

（1）现阶段我国的施工机械租赁市场还很不完善，没有严格的市场准入制度，很多的施工机械租赁市场是由无资质的个人所占据，他们通过较低的价格购买了质量相对较差的施工机械，没有进行严格的管理，通过低价竞争的方式占有一定的市场份额；

（2）对于部分施工单位来说，其单单追求较低的机械租赁价格，这就使得很多超过服役年限、性能较差、具有较大安全隐患的施工机械占有了一定的市场。同时，施工单位对于这些机械实际情况在进入施工现场前不清楚，对于租赁、安装单位机械管理情况不清楚，对于这些机械安装后的实际质量不清楚，使得施工单位仅仅是使用这些机械，没有对其进行日常的检查以及管理。

（二）人员的原因

（1）机械的管理责任人不明确。就是说在路桥施工现场对所租赁的施工机械具体由谁来负责安全方面的管理不明确。对于现今的施工机械租赁情况来说，机械的出租方有可能是建筑公司，也有可能是专业的租赁公司或者个人。对于机械的操作人员来说可以是由承租方进行雇佣，也可以由出租方进行雇佣。

在机械操作人员由出租方雇佣的情况下，由于施工机械自身质量以及操作问题造成的事故应由出租方负责，对于承租方而言就不会主动要求进行机械的日常保养工作，从而忽视了施工机械的租赁安全性方面的管理；同时，租赁的施工机械分散在不同的工地，地点不集中也造成了对于操作人员的管理困难。有些个人的租赁者没有安全意识，很少能进行施工机械的日常维护管理。这些都导致租赁的施工机械存在的安全隐患得不到及时的解决，也会形成不同部门之间的相互扯皮。

（2）施工机械的操作人员不具备安全意识。①施工机械操作人员的整体素质偏低是租赁机械安全隐患的重要原因。当前的路桥施工机械租赁市场的操作人员素质参差不齐，人员结构庞杂；机械的维修人员技术能力相对较弱，对于机械的维修保养不够。路桥施工机械很多都属于特种设备，操作人员需要经过特殊的培训合格后才可以上岗。但现在的培训机构对于操作人员的培训时间，强度以及实践能力都不够，同时操作人员也为了尽快上岗而忽略了自身的能力培养。另一方面，对于所租赁的施工机械来说，机械的操作人员和维修人员属于不同的公司，对于机械的管理态度不一样，这都增加了事故的安全隐患。②机械的操作人员素质偏低，缺少基本的安全知识，对于机械的安全隐患判断不够准确。由于我国的地域广阔，涉及到路桥施工的地域较多也较频繁，此领域的从业人数也较多，竞

争比较激烈。但是具体的从业人员大部分都是农民工，文化程度相对较低，很少能受到良好的技术及职业培训，安全意识淡薄。关于安全教育方面的投入严重不足。③操作人员在知道安全隐患的条件下继续进行工作。发生此情况的可能原因包括：a.操作人员存在侥幸心理，认为出不了安全事故；b.受到相关方面的指令不得不在有安全隐患的情况下继续进行工作；c.由于疲劳等原因造成反映能力降低等。

四、降低路桥施工机械租赁安全隐患的相关措施

（一）增强租赁双方的安全意识

对于路桥施工机械的租赁双方来讲都应该遵照安全第一、预防为主的原则，特别是对于危及到生命以及财产安全的机械设备，例如脚手架、破碎机等机械设备。在机械设备使用之前，要严格检查设备的质量合格证、设备是否能正常运行、是否在正常的服役期内，要认真的阅读相关的说明书等文件。同时，对于租赁设备在具体的施工过程中应建立健全岗位责任制以及设备安全管理制度，从制度层面保证租赁设备的安全性。

（二）加强对于租赁机械设备自身的安全管理

要重视并加强对于租赁机械设备自身安全性的管理，目的在于保证所租赁的机械在使用期内正常运行。

对于出租公司而言，要保证所出租的机械设备处于完好的状态，要符合相关的技术标准。对于已出租的机械设备要由专业人士进行相关的检验、维护及保养。对于租赁单位而言，所租赁的设备进场后要经过相关的特种设备检测机构进行检查合格，要获得安全使用证，同时要到当地的质量安全监督部门办理备案登记手续后才可正式投入使用。

（三）增强对于操作人员的培训管理工作

施工机械的操作人员必须取得相关部门颁发的职业资格证书才可以正式上岗。要通过培训等方式加强操作人员的安全意识、职业道德、技术能力、面对问题的解决能力等，操作人员要熟悉工作岗位的实际情况，要能够在一定程度上预判施工机械以及工作过程中可能会出现的安全隐患，掌握出现问题的解决措施。

同时要加强操作人员的管理工作，采取岗位责任制的模式增强操作人员自身的责任感。要与操作人员签订安全生产合同，以经济方面的内容控制操作人员的具体工作，使操作人员具有安全意识，避免安全事故的发生。

第八节　路桥工程中的黄土隧道施工与安全控制

随着时代发展需要，城市化建设进程越来越快，路桥建设的规模越来越大，隧道施工亦不断增多。地形、地质等在一定程度上均会对路桥工程中的隧道施工与安全产生影响，黄土隧道则是比较常见的一种复杂地质施工。论文在了解了黄土隧道施工特点后，重点探讨路桥工程中黄土隧道施工安全技术控制策略和管理控制策略，目的在于进一步提高黄土隧道的施工质量，推动我国路桥工程建设事业的健康发展。

我国公路、铁路建设随着经济的不断发展已经进入到了高潮阶段，尤其近年来中西部社会经济水平的不断提升，更为公路和铁路的建设创造了条件。事实上，西北地区经济的发展需要便利交通条件的支持，建设联系西北地区的公路和铁路，必然要穿越黄土层，因此在施工中难免遇到风险，尤其在黄土隧道施工中，时常发生坍塌事故，容易造成重大的财产与人员损失。

本节对路桥工程中的黄土隧道施工与安全控制展开研究，希望能够为我国路桥工程黄土隧道施工与安全管理提供更加丰富的理论参考，同时予以一定可行的实践指导，保证提高整体的施工质量和效率。

一、黄土隧道施工特点

黄土属于一种特殊土，强度以及承载力均比较低，遇到水时比较容易湿陷或者软化，同时黄土变形具有非连续性、不可逆性、突变性，因此在黄土隧道施工当中自然存在特殊性和复杂性。黄土隧道的开挖可以说是一项非常复杂的施工过程，隧道所处的地表支离破碎，地质情况比较复杂，隧道埋藏比较浅，因此开挖过程中会出现比较明显的局部变形。同时，因黄土本身承载力与强度低，施工当中更容易发生塌陷等问题，为施工安全造成极大的隐患。针对黄土隧道施工中复杂且特殊的特点，路桥工程施工中必须要制定科学的、可行的控制策略加以应对。

二、黄土隧道施工安全技术控制策略

（一）洞口施工安全技术控制

洞口施工安全技术控制中，必须要在施工前严格确定洞口段对否处于浅埋、偏低、滑坡范围，保证隧道口拥有完善的且有效的排水系统。一般情况下，黄土隧道的洞口均位于黄土崩梁，施工当中存在坡面陡、线位高等技术难题，因此必须要制定相应技术控制措施予以应对。首先，若洞口施工存在较大偏压，可以通过反压、减载、支挡等方法避免洞口开挖初期变形或者开裂；其次，若施工的洞口处于浅埋段，则可以通过调整明暗交界部位进入暗洞，后将明洞延长；再次，若施工的洞口位于滑坡体处，则必须要对滑坡体的稳定性、成因等做出准确鉴定和判断，后根据具体情况予以施工技术控制。

（二）洞口段施工安全技术控制

一般情况下，路桥工程中黄土隧道施工的洞口段施工对山体的整体性必然会造成一次扰动。为了保证在扰动的状态下顺利进洞，必须要严格遵循"稳扎稳打"的施工原则。具体进洞施工当中，相关施工人员应该采用分短台阶、分部开挖和支护的方式保证高管棚超前支护具有良好效果，同时要保证在掌子面已经施工一定距离以后继续进行仰拱作业。另外，黄土隧道施工在洞口段均要设计明洞，完成明洞的仰拱作业以后，应该严格根据施工要求，于洞口段迅速进行暗洞的仰拱作业。

（三）洞体开挖施工安全技术控制

洞体开挖属于黄土隧道施工中极为重要的施工安全技术控制环节，主要原因在于该施工阶段最易发生坍塌、湿陷等施工风险。具体的施工安全技术控制策略包括：①开挖方法，可以采用三台阶临时仰拱、三台阶七步开挖、台阶法等进行黄土隧道洞体的开挖，且施工过程中密切关注施工现场情况。为了保证洞体开挖后仍旧具有稳定性，统一台阶两侧必须要错开安全距离以后再挖掘。②开挖方式，黄土隧道洞体开挖中，相关工作人员与挖掘机械之间要形成良好配合，避免采用机械一步挖到位。其中机械挖掘会预留出20~30cm的修整面，人工则需要在机械挖掘后对鱼篓的断面进行修整，使之成为标准断面。③严格控制超挖并杜绝出现支护缺陷。黄土隧道洞体开挖中，工作人员必修对围岩扰动情况密切关注，尽量降低机械对土体的扰动程度，保证洞体顺利开挖。同时，挖掘中尽量避免机械的多次挖掘，一旦发现超挖情况则应该使用喷射混凝土将其填平。

（四）附属洞室施工安全技术控制

黄土隧道施工中附属洞室的施工重点应该在于初期支护方面，必须要避免出现二衬施工的同时展开附属洞室施工作业。进行附属洞室施工安全技术控制的主要目的在于，避免整个黄土隧道施工完毕后在洞室的顶部出现裂纹，影响整个隧道的施工质量与安全。

三、黄土隧道施工安全管理控制策略

（一）构建管理体系

路桥工程中进行黄土隧道施工安全管理控制，首先便需要构建相对完善的管理体系。黄土隧道施工期间必须要对整个施工项目的建设特点进行明确和掌握，同时，必须形成一个包含施工单位、建立单位、建设单位、其他参与单位在内的，系统的施工安全生产管理组织结构。与此同时，与黄土隧道施工项目相关的各方均需要针对整个隧道施工特点，各个施工阶段可能发生的情况进行分析，了解施工当中可能存在的重大风险与事故，继而针对性的制定防护措施与应对预案。此外，相关人员更要对施工当中可能存在的重大危险源进行识别，以此系统展开施工安全管理。

（二）加强安全教育与检查

加强安全教育与检查主要是指，参与到黄土隧道施工当中的全体人员均要接受隧道施工安全教育与培训，并且要对所有人员展开安全与技术考核，只有合格的人员方能够进入到相应的工作岗位。与此同时，黄土隧道施工当中施工安全管理人员更要在施工现场进行轮流且严格的安全检查，包括项目经理和总工都在内的诸多项目领导，均需要亲自参与到安全检查当中，以便及时发现施工中存在的安全隐患与风险，采取具有针对性的、有效的措施加以应对，继而进一步提升施工安全管理质量。

（三）展开第三方监控

第三方监控的目的在于，进一步提高路桥工程中黄土隧道施工安全质量和效率。黄土隧道施工监测可以说是整个隧道施工项目质量与安全保障的灵魂所在，只有在整个隧道构筑的过程当中融入监测工作，方能够及时掌握各个施工环节可能存在的施工安全与质量问题。引入具有高度独立性的第三方监控，将可以更好地服务于黄土隧道施工决策，形成更加良好的隧道支护系统。

综上所述，路桥工程属于目前我国经济发展背景下的重要建设事业之一，黄土隧道施工则属于路桥工程中比较具有施工难度的项目类型。黄土隧道施工中，地形与地质等均会对施工安全、质量产生重大影响。为了避免黄土隧道施工当中出现重大的施工与安全风险，必须要制定科学的、可行的施工与安全控制策略。其中，技术控制策略中应该将重点放置于洞口施工安全技术、洞口段施工安全技术、洞体开挖施工安全技术、附属洞室施工安全技术等方面。管理控制策略则应该将重点放置于构建管理体系、加强安全教育与检查和展开第三方监控。由此，黄土隧道施工将具有更高的安全和质量。

第四章 路桥施工技术的应用

第一节 路桥工程路基施工技术的应用

随着经济的发展，桥梁在高速公路中的比重不断增加。我国路桥工程路基施工技术还不成熟，路桥施工中仍然存在一些问题，影响施工质量，为路面车辆行驶埋下安全隐患。本节探讨了我国路桥工程路基施工工程中存在的问题，并提出了相应的解决方案，希望对我国路桥工程建设有一定的帮助。

随着我国城市化的发展，经济发展对公路桥梁工程建设的需要日益增多。目前，我国路桥工程建设施工中仍然存在很多问题，每年都会因为工程质量问题引发几起事故，相关报道屡见不鲜。高水平的路桥工程需要系统的技术体系作为支撑。加强公路桥梁施工技术的学习和研发，提高路桥工程质量是我国公路桥梁施工企业单位面临的主要问题。

一、我国路桥工程路基施工工程中存在的问题

（一）路基层次不合理

路基层次结构建造不合理会降低公路桥梁工程的载荷能力。路基建设是一个多层次的建设过程，包括：路基土；路基底基层；基层三部分。现阶段，我国公路桥梁工程施工中未能对工程的层次性建设进行细分，导致路基的层次结划分不合理，影响施工。

（二）路基桥面不平整

路桥路面的平整度是路桥工程项目质量的重要检测内容之一。在实际施工作业中，如果施工人员不能按照正确的操作工序施工，就会造成路面的平整度迅速降低。车辆在路面上行驶时，就会感觉到强烈的颠簸感，对车辆造成严重磨损的同时，威胁公路桥梁行车安全。施工人员技术能力不足，铺摊机、压路机等设备操作不当，而施工单位对路基层的平整度控制不严，就会导致路基路面不平整，甚至呈现出起伏波浪的形状。

（三）路基的整体密实度分布不均匀

路基的整体密实度分布不均会影响路面的平整度。路基的整体密度受外部环境影响大，

天气干燥，或局部路堤填料黏土土块粉碎不足都可能导致路基压实不均匀。为了赶工期进度，使压力作用时间不足，也会导致路基压实不充分。总之，路基建设填筑材料质量不高或压实程度不高都会影响路基的整体密实度，影响整个路桥工程的质量。

（四）承载力，渗水力存在问题

路基工程渗水能力不理想会导致公路桥梁工程容易受到雨水，河水的侵蚀。长时间的雨水侵蚀会引发各类建筑的质量问题。缩短公路桥梁使用寿命。因此，施工单位在重点发展公路桥梁建设的密度和坚固程度的同时，要采取措施提高路基的渗水能力，保证路基工程建设的质量。

二、路基路面施工技术

（一）路基的填筑、开挖与压实

在进行路基填筑施工之前，要做好路床的清理工作，将路基范围内的树头、树根、软淤泥、杂草、和垃圾等清理干净。否则，回填土中夹杂有机物，有机无腐烂后会形成空洞，增加含水量，降低密实度，使路基不均匀出现沉降。对树穴和侧穴进行沙砾回填，使用专业技术测量土质，确定含水量，防止土层过分饱水影响地基稳定性。导致地面沉降。然后按顺序进行分层填筑 - 分层摊铺 - 分层压实 - 分层检测。需要注意的是：进行分层平铺时，要不同用土水平分层，保证强度均匀，防止路基产生明显变形。一般将透水性较差的土填于下层，将接搭处建成斜面或双向斜坡，方便排水。选用填料时，要尽量选用沉陷量小、粒径均匀的砂石填料混合填筑，路堤全宽一次成型。为保证路基土的强度和稳定性，必须采用人工压实，提高密实程度。

（二）路基路面的排水技术

路基水毁是当前路桥施工单位在进行路桥工程施工时面临的主要问题。加强路基排水基础工程建设，要结合地区排水规划完善路基排水系统。进行路基路面工程建设排水系统建设主要包括三个方面的内容：地面排水、路面排水和地下排水。路面表面排水可采用集中排水或分散排水的方式，集中排水是在路肩外侧边缘设置预制混凝土拦水带，通过一定间距设置的泄水口和急流槽集中排放到路基两侧的排水沟。分散排水是通过加固土路肩，采用漫流的方式使水集中到路基两侧的桥涵、排水沟、截水沟或天然沟渠内。分散排水能及时排除路面水，对车辆影响小。地面排水常用的排水设施有：排水沟，急流槽、跌水和地面的排水管等一般高速公路的排水渠必须铺砌防护，并采用混凝土预制板块进行加固。地下排水一般采用渗沟、渗井、暗沟等，主要进行渗透排水。

（三）路基的防护技术

近年来，生态环境逐渐恶化，绿色环保逐渐成为社会主流意识。坡面防护的目的在于减少地表水流冲刷和坡面岩层的风化剥落，一般采用在高速公路侧坡其实砌石框格种植草防护带等方式减少地表水流对路桥地基的影响。对于沿河路基边坡则直接进行防护，用高强度土工格栅做石笼，以聚氨酯类土工织物混凝土护坡模袋制作护面板进行边坡防护，减少水浪冲击对边坡的损害。在支档防护方面，挡土墙应用广泛。对于地基较好的区域，一般使用石砌挡土墙，造价较低。

（四）路基路面的后期养护和维修

路桥工程建设规模大，流程复杂，耗时长，技术要求高，受外部环境影响大，因此，路面路基的后期养护和维修工作在路桥过程建设中具有非常重要的意义。主要内容包括：定期维护路基、路面排水系统，并进行故障处理；定期更换路基防护坡上的植被，管理保护石格，防止人为破坏；定期检查路基路面的破损情况，及时维修。

（五）路面工程质量控制

加强对路面工程的质量控制，首先，在施工前，要清理施工现场。其次，根据工程的技术要求按规程合理调配填筑路基的材料。再次，要加强施工人员的理论知识培训和实际施工技术培训，避免施工过程中的人为失误。此外，施工单位要加强路桥维护工作的资金投入，使用先进的设备或材料来提高维护的有效性。最后，施工单位要加强对施工各个环节的监督，严格管理施工步骤，确保工程质量。

路基是高速公路的重要组成部分，与隧道和桥梁连接在一起，贯穿于高速公路的全线建设中。它同时也是路面的基础，与路面一起承担着车辆行驶及内外部环境产生的荷载作用，它的质量在很大程度上决定了公路的使用寿命，保证路基施工质量是路桥工程施工建设的重中之重。如果路桥工程中的路基强度和稳定性不足，可能造成路面沉降或坍塌，威胁路面行驶车辆的安全。

第二节　伸缩缝施工在市政路桥施工中的应用

本节主要对市政路桥施工中伸缩缝技术进行研究，分析伸缩缝技术的重要性及其具体应用，旨在提升市政道路的质量，保障行车的安全性与舒适性，希望对相关工作人员具有一定的参考价值。

市政路桥工程的质量直接关系着百姓的切身利益，因此必须提高对市政工程的重视程度，而伸缩缝技术是道路桥梁施工中的核心技术，其可以有效释放行驶车辆的负载，同时还具有良好的热胀冷缩以及物理性能。因此，现阶段伸缩缝技术被广泛应用在了路桥施工中，在施工中通过在桥梁桥台、端部及其交接缝之间安装伸缩缝，可以进一步保障市政路桥的施工质量。

一、市政路桥中应用伸缩缝施工的重要性分析

现阶段伸缩缝技术在市政路桥工程中起着非常关键的作用,通常来说桥梁伸缩缝系统,指的是一种可以根据桥梁温度变化而自动进行收缩的结构,而且该结构还具有良好的防水性和排水性,可以将桥梁有机连接起来变成一种结构。由此可见,伸缩缝结构由于具有科学合理的结构缝隙,因此可以较好地适应道路桥梁的施工变形。众所周知,市政道路桥梁均处于室外,长时间经受风吹雨淋,再加上行车较多,长时间处于高负荷的运行状态,不可避免地对桥梁梁体造成一定程度的磨损,致使桥梁中的混凝土会发生收缩和徐变,而且一旦梁体的位移变化过大,就会降低行车的安全性和舒适性,影响桥梁的使用寿命。因此为了有效调节桥梁结构之间的位移,令其可以更好地连接桥梁,可以通过安装伸缩缝来提升桥梁的质量,但是必须根据施工现场的情况来设计相应的伸缩缝方案,避免由于设计方案不合理,导致施工人员无法正常施工,影响项目的进度。另外,在设置完伸缩缝后,还应该组织工作人员定期进行维修和保养,杜绝安全隐患。

二、市政路桥施工中伸缩缝技术的具体应用分析

市政路桥中伸缩缝应用的技术主要包括以下两点:①项目施工前期的准备工作;②具体的施工方式。伸缩缝的准备工作是正常开展施工的前提,只有做好基础的准备工作,才能保证伸缩缝施工的有序进行。

(一)伸缩缝的前期准备过程

市政路桥施工的准备环节是项目工程正常开展的基础保障,也是市政道路施工中的基础准备阶段。因此,项目的工作人员需要加强对伸缩缝技术的应用,保障项目得以正常有序进行。首先,项目的设计人员必须做好现场勘察工作,结合施工现场的实际情况,制定科学合理的伸缩缝施工方案,设计人员在出具设计方案后,还可以邀请该领域的专家,研究方案的可行性。一旦发现设计方案中存在问题,必须立即制定解决措施,避免由于设计方案不合理,致使施工人员无法正常施工,不仅影响项目的进度,同时还会降低企业的经营效益。与此同时,管理人员还应注重材料的选择工作,桥梁裂缝是影响桥梁质量的重要原因,因此需要选择质量良好的材料,才能提高桥梁的防水性能。例如,可以采用专门配制的水泥和砂浆,然后将其注入到混凝土的裂缝中,也可以使用黏结的钢板进行封闭,保障混凝土结构的性能。其次,项目管理人员还应该在施工前期做好设备的检查和维修工作,避免由于设备损坏无法正常施工。最后,施工人员必须具备专业素质,具有根据图纸展开施工的能力。另外,管理人员还需要制定施工人员的排班表,提高对员工的约束力,保障项目的正常开展。除此之外,项目的管理人员还应该定期对工作人员进行培训,提高其专业素质以及增强安全生产意识,进一步保障市政道路桥梁施工可以正常有序开展。

（二）伸缩缝中的切缝与开槽分析

在切缝和开槽前期，首先，工作人员需要对安装伸缩缝的具体位置进行检查，确保其平整度可以正常施工，在确定切缝的宽度时，工作人员应该根据施工桥梁的实际情况进行，通常来说只有提升桥面板的平整度，才能提升伸缩缝施工的质量，降低桥面平整度对施工的影响。其次，在保障桥面平整度时，工作人员还应该按照施工图纸对伸缩缝的位置进行放样操作，可以使用切割机进行切割，切割的深度保持在12mm左右最佳，开槽过程中会有大量的水泥以及其他杂物进入得到槽内，因此切割完成后还需要使用风镐清除伸缩缝内部渗入的混凝土，对切割表面开展凿毛和清洗工作。最后，在开槽时，工作人员应对切割缝内部的钢筋展开整理和除锈工艺，在此环节中，一旦发现钢筋的数量存在问题，必须及时制定解决措施，对伸缩缝内部的钢筋进行补植。除此之外，为了进一步增强伸缩缝的质量，工作人员还可以利用高压泵彻底清洗切缝的表面，检查切缝的平整度以及切缝和桥后搭板之间的连接程度是否符合要求，如果不符合相关的管理工作，管理人员还应组织工作人员继续进行切割，直至满足施工要求。

（三）伸缩缝施工中的安装环节分析

在安装伸缩缝时，首先需要对伸缩缝装置进行全面检查，减少由于伸缩缝装置倾斜、扭曲变形等问题的出现，工作人员如果发现伸缩缝装置存在问题，则应立即报告给管理人员，从而及时制定管理措施，控制好施工质量。其次，在安装伸缩缝时，工作人员必须严格按照图纸进行安装，由于施工现场的温度对伸缩缝的宽度具有一定程度的影响。因此，在安装伸缩缝时，工作人员需要注意温度的影响，适合施工现场的温度适当调整伸缩缝的宽度。根据相关的统计数据显示，伸缩缝安装过程中其宽度误差应该在2mm以内，并且需要确保市政桥梁的中心线和伸缩缝的中心线保持一致，才能提高桥梁的施工质量。另外，还需要检验型钢的平直度，在这方面可以根据型钢的平直校验理论，从理论上来讲，型钢的平直度已经由出厂厂家检验过，型钢的平直度具有保障，但是由于受到运输方式的制约，不可避免地会对型钢的平直度造成影响。因此工作人员在安装型钢时，必须做好型钢平直度的检验工作，及时调整其平直度，保障施工品质。最后，控制好焊点工作，工作人员可以在伸缩缝在槽口中安装完毕后，对其进行适当调高，然后进行固定处理工作，从而选择焊点的位置，在选择焊点位置时，需要坚持两侧焊点对称的基本原则，只有这样才能充分保障桥梁梁体不会发生位移。例如，工作人员在进行焊接时，就应该控制好温度、湿度以及工件定位对施工的影响，确保工程可以顺利进行。另外，安装完成后，工作人员还应该对标高重新进行测量，务必保障临时加固的伸缩缝装置不会出现位移和变形，然后再进行焊接，从伸缩缝的两侧将预先埋设好的钢筋予以固定，在焊接时焊点的间隔需要在5cm以下，焊机工序完毕后，再对其强度以及坚固性进行检查，进一步保障施工质量满足相关的管理规定。

（四）伸缩缝后期的维修和保养工作

根据相关的资料显示，伸缩缝施工技术主要存在两种安全隐患：①道路桥梁中的伸缩缝装置容易发生跳车的问题，显著增加了市政道路行驶中的安全隐患。②长时间高负荷运转，伸缩缝装置经常磨损，不仅影响了市政道路桥梁的安全性和舒适性，同时还影响了伸缩缝装置的使用寿命，在分析造成以上两种情况的原因时发现，主要是不注重伸缩缝装置后期的维修和保障工作造成的。因此，管理人员需要提升对后期养护工作的重视程度。首先，在施工过程中，应该在施工路段设立一些禁止行车的标语，严禁人员通行，同时还需要对施工路段展开全面封锁。例如，工作人员可以在距离道路桥头两侧约100m处的地方设置警示牌，严禁车辆以及人员通行，避免对伸缩缝的质量产生影响。其次，管理人员可以安排专门的工作人员进行养护工作，提高养护效率和质量，还应该定期对伸缩缝展开维护，例如，工作人员可以采用水养护方式对混凝土进行养护，养护时间最好超过3d，才能令混凝土的强度满足施工要求，与此同时，工作人员一旦发现混凝土出现裂缝，则必须对其展开修补。最后，做好清洁处理工作，当混凝土的硬度满足施工标准后，工作人员可以对伸缩缝展开清洁处理，令伸缩缝施工更加整洁、干净，只有在养护工作完成后，市政路桥才能正式运行。例如，在安装伸缩缝的模板前，工作人员就必须清除槽内的杂物，然后用泡沫或者是塑料进行填充，然后再对混凝土进行浇筑，浇筑完毕后，对表面进行平整处理，避免发生跳车的问题。

总而言之，伸缩缝施工在市政路桥施工中发挥着重要作用，直接影响着路桥工程的质量，延长路桥的使用寿命，保证行车的安全性和舒适性。因此，工程管理人员应提高对伸缩缝施工的重视，结合施工现场选择科学合理的施工技术，确保市政桥梁的质量。

第三节　路桥施工防水材料的应用

随着我国经济的不断发展，交通运输行业也随之得到完善。交通运输行业与我国的经济具有密切的联系。只有加强对路桥工程的建设，才能够保证车辆的安全通行，这样才能进而带动我国经济水平的提升。要想让路桥工程顺利的完工，就需要重视其每一个细节，尤其是要保证路桥施工过程中对防水材料的合理运用，以起到良好的运行效果，维护施工质量的稳定。因此，主要对路桥施工中防水材料的应用问题展开了论述，希望可以对今后的工程建设带来一定的参考和借鉴，更好的为我国的经济发展提供便利。

在我国经济不断发展的过程中，路桥工程的数量也变得越来越多。进行路桥施工的过程中，需要加以不断地完善以及转变，使其每一个细节都引起相应的重视，这样才能够保证工程顺利完工。其中防水工程在整个路桥施工中占据十分重要的地位，其质量以及水平对于工程的整体效果有着不能忽视的意义。近几年来，随着人们生活水平的提升，私家车的数量也变得越来越多，这就在无形之中为交通建设带来了一定的压力，而只有促进桥梁建设质量的提升，才能够为车辆的安全通行保驾护航。所以本节主要介绍了防水材料在路桥施工中的主要应用，维护路桥工程自身的价值，使其功能可以得到更加全面的发挥，希望在本节的论述下能够引起相关施工人员的关注，选择更加合适与科学的防水材料。

一、国内外路桥防水材料的应用

在近几年的发展建设中，虽然我国的公路建设已经与国外先进国家之间的差距有所缩小，但是在进行公路养护的过程中，我国还需要进一步的加以完善，在这之中，路桥养护的工作尤其应该得到关注。只有不断完善混凝土自身的稳定性与耐久性，才能够保证路桥工程的质量。影响路桥工程质量的一个主要因素就是水，在施工过程中经常可以发现桥面下陷的问题，如果不加以控制，就会对钢筋产生不利的影响。为了能够尽可能的降低负面损失，就需要减少碱集料的成分，这样才能够维护路桥的稳定性。虽然在20世纪就已经出现了桥面防水技术，但是随着时代的发展，原有的防水材料和防水系统显然已经不能满足现代化的发展需要，这就需要我们不断探索新的防水材料，将其应用在路桥施工中，以起到维护桥面质量以及性能的作用。现阶段也有很多国家十分重视对路桥防水材料的研究，并且建议采用废旧轮胎中的成分作为原材料应用在路桥工程中，以起到良好的桥面施工效果。

按照美国出具的相关报告的要求，为了可以更好的保证桥梁结构自身的质量和水平，在这一过程中可以设置一些比较适合的桥面防水层，这也成为了桥面防水工作当中最为关键的一个措施。在我国，针对桥面防水系统并没有给出一个非常有效的方式，也没有对其予以深层次的研究，在国外的很多国家当中都十分的重视这种系统的应用，但是国内对其的重视程度却存在着非常明显的不足，对其也没有进行专项的单独的计算。在印度，通常采用的是平均厚度为75毫米的钢筋混凝土消耗层。在丹麦，在施工的过程中所采取的桥面层主要是以经过喷砂处理的树脂材料当作是材料的底层和基础，在上面的部分铺上黏结和对桥面有改性作用的卷材，在其表面是厚度为15到20毫米的沥青混凝土，而在最上层的位置上通常采用的是厚度为40毫米的SMA。而法国在路桥施工的过程中通常都是必须要在施工的过程中设置防水层，在施工的过程中，防水材料一定要尽量选择那些高分子聚合材料制成的涂料或者是卷材，底层的涂料一般情况下都要采用改性的橡胶乳液。而在这一方面，我国依旧没有出台相关的政策或者是设计的规范，在我国的路桥施工中，通常是采用水泥混凝土充当底层，在上面铺设上一层涂膜材料或者是卷材类的防水材料。

二、我国现行采用的桥面防水材料

从我国的当前发展情况来看，在路桥工程建设的过程中，主要应用的防水材料为柔性防水材料，并且柔性防水材料的种类包含很多种，在施工中，柔性防水材料需要满足五个方面的特点，首先是需要具备一定的抗损伤性，因为机械设备在施工的过程中经常需要来回碾压防水层，因此，如果防水层不具备碾压的功能，就无法保证桥面的质量。其次，还需要具备一定的黏结性，这样才能将沥青混凝土和防水层之间进行很好的粘连。第三，应该具备一定的温度敏感性，通常情况下，需要将温度控制在110℃至140℃之间，尤其是在我国的北方地区，更加应该控制好温度，因为北方地区冬季都比较寒冷，如果防水材料不能忍受低温，那么就会造成低温脆的发生。第四，应该保证可以进行便捷的施工，无论是采用机械的方式，还是应用人工的方式都可以保证工程的顺利完成。最后，还需要让防水材料具有压缩的性能，所以防水材料的厚度应该保证尽可能的薄。

现阶段的桥面防水材料种类有很多种，不同的柔性防水材料之间还是有所不同的，它们既有优点，也具有一定的不足之处，需要在实际的情况下进行具体的选择，以保证施工质量的完好。例如聚氨醋弹性防水涂料，这种材料的主要成分是聚氨醋，其主要的特点是具有良好的防水性能，并且可以耐老化，但是不足之处就在于需要严格控制好基层的干燥度，并且在和沥青混凝土混合的过程中，还容易出现分离的现象。还有一种是环氧胶乳防水涂料，优点：与水泥混凝土的亲和性好，有延展性，造价适中。缺点：与沥青混合料的柔和性差，易出现沥青混凝土的拥包、脱落，因其色为半透明乳白色，可用作边梁外侧的涂层及下部结构的防水涂层。FYT一型阳离子氯丁胶乳化沥青防水涂料也比较常见，优点：施工方便，既可用机械喷涂也可用人工喷涂，可做成一布三涂、二布（玻璃纤维布）四涂和二布六涂。缺点：阴阳角部位的防水质量难以保证，在沥青混合料摊铺后不能与沥青混凝土较好黏结，耐久性差，容易形成两张皮的现象。另外，聚合物沥青防水涂料的主要原料是沥青、橡胶树脂改性剂，构成单组分水浮型防水涂料。因此，涂料固化快，操作安全，无污染，耐高温140℃，在低温-20～-28℃时也不脆裂，抗碾压、抗剪切能力强，施工机械可直接在其上面进行沥青混凝土摊铺施工，无需任何保护，不同的作法相应适合不同等级的桥梁，选择性强，应用范围广泛。

在我国的路桥施工中，人们越来越重视路桥工程的质量和稳定性，因为它和人们的日常生活是息息相关的，为了更好的预防路桥在运行的过程中出现严重的裂缝现象，我们在施工的过程中必须要根据实际的情况选用一些防水出材料，以免出现质量隐患。

第四节　路桥工程高墩翻模施工技术的应用

作为路桥施工的重点内容，高墩施工对整个工程质量至关重要。在高墩施工中采用翻模施工技术，不仅能降低高墩施工难度，还能提高材料可重复利用率。为此，本节主要对高墩翻模技术的施工原理、施工工艺及质量控制进行了分析与探究，以期有效提升路桥工程质量。

一、高墩翻模技术的施工原理

翻模技术主要是利用可相互拆卸的模板,通过塔吊逐步提升模板高度,进行翻模操作。待达到设计高度之后可将三角架支设在模板底部,同时拆卸底层模板,完成混凝土的浇筑与提升,以此循环施工的方式增加墩柱的高度。翻模技术的应用降低了高墩施工的难度,有效降低施工成本,保证路桥工程施工工期。与其他施工方式相比,翻模技术的操作平台更易搭设,确保施工能够顺利进行。现阶段,翻模技术在路桥工程施工中应用基本成熟,但是在工作平台搭建以及安全防护方面尚未制定统一标准,此类问题亟待解决,建立起规范化、标准化的施工制度。在保证路桥工程施工质量的同时,加强施工管理工作,提高工程建设效率。

二、路桥工程高墩翻模施工工艺

(一)测量放样

在高速公路桥梁高墩施工中,应对墩柱结构线及中线进行测量放样,并将中心线尺寸的偏差控制在10毫米以下,并将其设置在墩柱的周围。冲洗干净桩顶及凿除墩柱结构线以内混凝土的浮浆,这些施工作业必须在墩柱施工前进行。

(二)钢筋施工

对柱筋的数量进行严格控制。桥梁高墩施工中随着墩身高度的变化变截面墩身的主筋根数也随着改变,这种情况下由于应用了较多的主筋,不仅造成了极大的浪费,还对桥梁结构的安全性造成了极大的影响,基于此,必须对高墩主筋数量进行严格控制。施工过程中应对钢筋连接质量进行认真检查,主要对钢筋连接是否牢固、螺丝是否超限等进行检查,只有这样才能确保钢筋施工的质量。

(三)模板安装

遵循相关施工要求进行高墩模板安装,安装施工前应将脱模剂涂刷到模板内侧,由柴油和液压油混合剂构成脱模剂。在脱模剂涂刷过程中必须确保其均匀度,安装作业必须在脱模剂不沾手的情况下进行,安装过程中用于模板固定的对拉螺杆必须进行塑料套管的添加,选用预制的混凝土块对大的拉螺杆端头孔进行填补。

(四)混凝土浇筑

通常选用分层浇筑法施工,将其分层厚度控制在30厘米到50厘米的范围内,在进行承台、主墩的混凝土体积较大的结构施工时,振捣工作人员的配置必须充足,在混凝土初凝前必须完成连续作业。操作振动棒时,必须遵循快进慢出的方式进行施工,尽可能将振动棒附近的气泡减少,选用插入式振动器施工时其移动间距必须在其作用半径1.5倍以下。

插入振动棒振捣时间通常在30秒到40秒之间进行有效控制,在钢筋密集位置应将振捣时间适当地增加,与此同时,必须对模板转角点混凝土振捣情况加以重视,选用交叉振捣的方式进行两人振捣的交界处避免漏振情况的出现。施工柱、塔等分节段施工的实体,确保出浆口混凝土自由倾落高度必须在2米以下并加以控制,避免离析不均匀等情况出现在混凝土施工中。每节段混凝土振捣施工结束后必将混凝土表层浮浆彻底清理干净,同时确保清除后浆面在同一水平线上。

(五)翻模

翻模施工至少需要2节模板,墩身每节段混凝土浇筑施工完毕并强度达到10MPa(18~24小时)以上时,方可进行翻模施工;为了适当加快施工进度,可采用3节模板,每次翻升2节模板。每次翻模时保留顶节模板不拆,作为翻升模板的固定节及承力部分,从最下节模板开始逐一拆除,采用塔吊提升模板,并放置在最上节模板的相应平面位置,将模板与相邻模板连接形成整体。重复以上操作直至墩身施工完成。模板每次翻升时先找出单块模板的中心吊点,塔吊钢丝绳竖直尽可能靠近模板,避免拆模时模板倾斜晃动过大,造成危险,也防止模板与墩身碰撞造成模板变形及损坏墩身外露混凝土质量;在模板吊点位置用钢丝绳连接在塔吊吊钩上,用撬棍等工具松动模板。在模板翻升固定后及时悬挂安全网,从操作平台至墩身四周都挂上安全网。

由于高墩施工立模在高空进行,模板的拼接、校立比较困难。在每节模板就位后及时对拼缝进行处理,垂直度调整,节节控制,每循环模板翻升调正后用全站仪校核墩身4个角点。翻模施工每循环节缝外观影响整个墩身外观质量,在浇筑下一节段混凝土时,上一节段浇筑的墩身混凝土已经硬化收缩,承力模板与混凝土之间产生了一定缝隙,会造成节缝错台及水泥浆下漏;在模板制作时每节模板上下拉杆位置靠近模板两端(不大于30cm)、在浇筑混凝土前将承力模板拉杆紧固、浇筑第一层混凝土时适当减小坍落度等方法进行施工。

三、路桥工程高墩翻模施工质量控制

(一)模板安装的质量控制措施

在路桥工程高墩施工的过程中,施工单位应根据工程的实际情况建立起完善的质量保证体系,在每个环节施工完成后都需组织技术人员检验施工质量。尤其加强对于薄弱环节及重点部分的质量控制,模板的安装及翻模是施工中的关键步骤,必须严格按照施工方案的要求。首先在墩身上定位模板安装位置,将组装好的模板依次安装。为了保证模板安装的垂直程度,第一节模板安装时可用铅垂线以及水平仪校核,如果存在倾斜程度过大的现象,应适当调整。采用塔吊配合安装模板,起吊时保证模板处于水平状态。其次,安装完成的模板应及时校正调直,用U型卡进行面板连接,并按照标准加固模板。在每次翻模之后都需要进行测量放样，既能保证安装位置的准确性，也可以检查在施工中是否出现模板变形的问题。同时建立其相应的岗位责任制度，并落实每个岗位的具体职责，尽量减少在施工中出现的操作失误。

（二）混凝土浇筑的质量控制措施

混凝土材料运送至施工现场之后，应检验其坍落度及和易性是否满足施工要求，如果出现离析现象，应根据实际情况采取相应的处理措施，确保施工能够顺利进行。翻模施工的过程中，在墩身处采取分节段浇筑的方式，相邻两节工作段施工时会出现相应的施工缝，如果不及时加以处理，可能会影响墩身的整体性及稳定性，严重的情况下出现节段错台的问题。对于施工中存在的缝隙，可在混凝土强度达到一定标准之后，组织施工人员将混凝土表层的浮浆及软弱层凿除，深度以 1—2cm 为宜，并将凿除的杂物冲洗干净，进行水泥砂浆的铺设，其厚度保持在 10cm 以内，减少施工缝对高墩质量的影响。

综上所述，随着我国科学技术的不断进步，翻模技术在桥梁高墩施工中得到了大量地应用。作为高墩施工的重要技术，翻模技术在施工中具有重要作用。在路桥施工中，往往选用翻模技术进行高墩施工作业，只有根据施工现场的具体要求，选择与之相适应的施工方式技术，才能确保施工的精准度，才能有效提升施工的质量。

第五节　路桥桩基钻孔施工技术的应用

近些年，伴随着国内经济的迅速发展，我国的路桥建设取得了相当大的发展，不仅采用了相当多的现代化技术，而且整体的规模也有了实时的增加。路桥工程的质量本身与其技术和施工过程有着直接的联系。桩基钻孔技术属于新时期主要的技术形式之一，其对于整个施工效率的提升有着相当良好的促进作用。本节主要探讨了路桥桩基钻孔施工技术的应用，并提出了相应的发展建议。

在新时期的发展过程中，我国的各项基础建设都呈现出了相当良好的发展状态，整个路桥施工的数量也在持续增加，而这样的状况给路桥施工技术造成了相当大的压力，同时也在一定程度上促进了国内桩基技术的科学发展。路桥桩基施工本身属于桥梁施工当中十分重要的内容，桩基基础质量将会对整个路桥形成直接的影响。而在桩基施工的过程中，存在着相当多的困难，需要加以合理有效的解决，尤其是在进行水下施工的时候，需要考虑多方面的影响因素。面对这样的状况，施工人员需要切实加强对路桥桩基钻孔施工技术的科学应用，进而使得整个路桥工程质量得到实时的保障。

一、路桥桩基钻孔施工的前期准备工作

（一）夯实施工场地

在对桩基进行施工的过程中，首先需要对相关的施工场地进行清理，迅速清除各种杂物，以确保场地具有较高的平整度。如果场地内存在一定的软土，则需要进行换填，并开展相应的铺实工作。钻机底座的位置需要利用坚硬的换填土进行铺实操作，可以使其具有较高的密实水平，进而有效防止其出现各种不均匀的塌陷现象。

（二）埋设钢护筒

在路桥桩基钻孔施工的过程中，施工人员需要注意，护筒的长度需要完全符合相关的技术要求，并且还需要与桥梁施工本身的地质和水文条件进行确定，在对钢护筒进行埋设的过程中，也需要严格遵守相关的规范要求。在进行埋设钢护筒的时候，还需要对其平面位置进行重复审核，确定其中心符合技术规定。到了施工过程当中，如果在重复审核的过程中，发现护筒出现了偏移的状况，则需要迅速对其进行纠正，同时还有必要在护筒的顶部以及附近设置水准点。在施工的时候，还要对护筒的平面位置以及护筒标高进行严密的关注，一旦出现了任何的问题，将会对后期成孔和桩基形成严重的影响。在对护筒埋设的工作当中，需要有效地确保中心轴线与整个桩基的中心线可以重合，而其平面误差通常不能超过5cm，护筒的倾斜度则要保持在百分之1左右。在施工的过程中，如果遇到地下水位较高的状况，还需要利用筑捣法对工作台进行填筑，接着再开展护筒埋设工作，以确保桩基施工可以顺利完成。

（三）选择合适的泥浆

在整个桩基施工过程中，泥浆属于成孔过程中相当重要的材料，而成孔的质量将与泥浆的质量产生密切的联系。但是现阶段的我国，所开展的大部分桩基施工，都没有加强对泥浆质量的重视，这样的状况十分容易发生各种泥浆质量较低，进而发生塌陷、桩基不稳的状况。通常而言，如果在桩基施工的过程中，泥浆没有达到实际的质量要求，其基础的泥皮所具有的附着能力必然会十分差，而且容易出现脱落的状况，直接影响孔壁的稳定性。如果孔壁的土壤为砂性，则容易出现塌壁状况。如果泥浆的稠密度过大，而泥皮的质量相对较厚，则容易增加桩基侧身的摩擦阻力。如果泥浆的密度十分大，则容易导致在水下灌注的过程中，大多数骨料堆积到桩基中心的位置，进而使得桩基本身的质量失去基础的保障。

二、钻孔施工

在整个路桥桩基施工技术当中，钻孔施工属于十分主要的施工技术，在整个钻孔的过程中，需要反复进行提锥和落锥，而土层当中的泥沙必然会挤向孔壁，或者被挤压成碎渣，

如果碎渣积累过多，将不利于钻孔工作的持续进行，因而需要持续性地掏取碎渣。现阶段，国内已然有技术性十分完善的掏渣筒，其可以在反复操作的过程中迅速成孔，但是在钻孔的过程中十分容易导致孔壁出现坍塌的现象，严重的时候会导致钻头被埋住。为了切实改善这样的状况，需要在钻孔的过程中，对容易发生事故的部位进行科学有效的预防和完善。针对坍塌状况，施工人员首先需要确定当前孔内泥浆的浓度以及与孔外水位差的对比，进而使得孔壁得到相应的保护，变得更加牢固。而在钻孔钻进的过程中，还需要实时考虑施工现场环境，根据不同地质条件，及时对钻进速度与泥浆的稠度进行实时的调整。同时，在开展钻进操作的时候，还需要对桩位以及成孔状况进行实时的检查，在确定成孔合格的基础上，才可以进行相应的清孔和钢筋笼安放工作。在钻孔施工的过程中，施工人员要确保钻孔的钻进速度处于较为稳定的水平，不能够过快，否则容易出现各种坍孔状况，也不可以过慢。并且要保证钻进的持续稳定性，一旦钻头中心位置出现了偏差，则需要迅速做出调整，使得钻头能够重新恢复工作状态，提高钻孔的实际效率。

三、钻孔后的清孔工作

清孔属于对钻孔后期的完善工作内容，其主要目的是为了清除钻孔下的各种残渣和泥浆，进而确保浇筑混凝土有较高的质量，并具有良好的承载力。清孔一般采用换浆清孔。在钻孔结束以后，需要采用循环换浆进行清孔，直到泥浆中的残渣被完全清理出去。在进行抽浆和掏渣的过程中，需要根据实际的清孔状况，选择针对性的方法。在清孔的过程中，需要严格注意以下内容：首先，孔内水头的高度需要得到有效的控制，浇筑混凝土前的孔底泥浆沉淀厚度需要小于规定的数值。而钢筋笼的制作也需要严格按照相关的规定焊接成大型的钢筋骨架，并使用较大吨位的吊车吊入整个钻孔当中，校正其基础的位置，并加以固定，进而避免浇筑混凝土的过程当中出现钢筋笼上浮的状况，如果钢筋笼的实际高度超过了吊车的最大长度数值，则需要采取分段安装的方式，提高钢筋笼安装的合理性。

四、钻孔当中的注意事项

（一）对塌孔和斜孔的预防和治理

在钻孔的过程中，容易出现相当多的技术问题，尤其是各种塌孔状况，需要加以严格的控制，在整个钻进过程中，很多因素都会对其形成直接的影响，如泥浆不符合质量要求、孔内孔外水位差太大等，都容易直接导致各种塌孔状况，而通常发生塌孔的位置都是在粉土层或者砂土当中，一旦出现了塌孔，需要及时利用各种粘土迅速将其填好，等过了一定的时间（一般为7小时左右），再进行重新开钻。如果塌孔位置本身十分浅，则需要利用加长护筒进行实时的科学处理。斜孔在整个钻进施工的过程中，则属于十分容易出现的问题之一，而导致这一问题发生的原因相当多，不仅有基础的地质条件和水文条件，所使用的技术方法以及操作过程都会导致孔位出现偏斜。如果在钻孔的时候，发现了一些斜孔，但斜孔本身的偏斜程度不是十分严重，则需要利用扫空方式，对发生偏斜的位置开展相应的操作，通常需要利用钻头在该位置缓慢地回转，进而达到扫孔的目的。钻孔也在相应的操作过程中，迅速回归到原来的位置。如果斜孔的倾斜状况十分严重，再进行持续的施工，容易使得整个钻进工作出现较大的风险，而桩基的受力也会受到多方面的影响，因而需要将孔进行回填，并重新开展钻进工作。

（二）对卡管和掉钻的应对

卡管现象在路桥桩基施工当中也较为常见，其主要是由于机械设备发生了一定的故障，或者混凝土本身出现了严重的离析现象所导致。如果卡管的现象本身不是十分严重，则需要利用吊车，对导管进行反复冲击。在开展这一操作的时候，首先需要确保导管埋深处于2米以上。通过对导管的上下冲击，可以使得卡管现象迅速得到解决。而如果卡管现象相当严重，则不可以再采用吊车的反复冲击，而需要按照原来的断桩问题采取相应的处理办法。掉钻发生的主要原因是由于整个施工过程中出现了较多的不当操作，而一旦出现了掉钻现象，则需要根据相应的掉钻原因选择最为合适的应对方法。一般而言，可以使用一些保护绳对掉钻进行强提，有效避免钻孔空打状况，而且需要经常对钻具和联结装置进行合理的检查，确保处于正常的工作状态。在发生掉钻落物以后，需要迅速进行打捞。如果物体被泥砂所掩埋，则需要采取冲吸的方式，首先清除钻孔当中的泥砂，接着利用各种打捞工作，接触到落体以后，再开展相应的打捞操作。

总而言之，在现代化的发展过程中，路桥施工已然变得十分常见，而桩基钻孔施工技术本身有着一定的难度，所需要的技术水平也相当的高。因而在对其进行施工的过程中，需要保持较高的严谨度，不断强化施工人员的技术水平，提高工程质量，确保施工可以顺利有效的完成。

第六节 路桥工程施工中的工程测量应用

工程测量技术是监理人员在路桥工程建设中比较常用的手段。介绍了工程测量的概念和重要性，阐述了路桥施工测量技术，包括中线放样导线点坐标的检测和水准的测量方式，分析了加强工程测量管理的方法，希望提高工程测量的精确性，为提高工程建设质量打下基础。

工程测量技术是在路桥工程建设中重要的组成部分，工程测量技术就是根据工程建设要求，采取科学的方式来检测工程建设的质量。随着路桥设计标准化逐渐严格，对于桥梁工程中测量点的要求也逐渐规范，测量仪器的使用和选择都需要严格按照相应的程度进行，并及时解决测量中遇到的问题。

一、工程测量的概念

工程测量就是在施工建筑前,进行现场测量工作,使用特色较强,而且随着测量技术的不断完善,测量工作准确度不断提高。在实际测量中,会受到各种因素的影响,比如施工工程路线长、施工环境差、工程点较多等,在路桥建设中重点就是提高施工控制网的精确度,根据"先控制在局部"的规则实现分段进行测量。在测量过程中,可以使用全站仪,利用坐标法进行放样,横断测量使用对边测量,如果控制点之间不通视,需要选择后方交会方式进行测量,使用 Casio fx 系列计算器计算测量的数据,这样比较方便、准确、快捷。施工前要做好一切准备工作,要仔细核查内业技术资料、检查测量仪器,这样为以后的工作打下基础。在测量检查时,外业要选择通视较好、埋设牢固、方便架设设备,同时能够满足施工需求,根据相关要求进行检测,严格计算内业,将测量情况上交到监理。实际测量中尽量使用成套工具,这样既方便施工,同时也能提高施工的质量。

二、工程测量的重要性

工程测量学就是分析工业、工程、城市建设中,每个部分的资源开发相关信息和地形数据采集和处理,其中还包括设备安装、变形检测预报、施工放样、分析的方法、技术和理论,同时也研究工程和测量管理与使用的内容。测量工作是实际工程建设中不可缺少的部分。工程测量学为建设各项项目中的设计、探测、施工、安装、监测、竣工和运营管理等任务提供参考依据。测量工作可以提供详细的工程建设中需要的图纸和数据,如果没有测量工作配合工程建设,工程建设的进程将会受到影响。

在实际施工中,如果没有对建筑物进行实地放样定位,就像建筑物摆放在什么地方这种情况,不能过于随意,需要根据建筑物的功能、工艺流程,还有相同建筑物的不同部分,都要严格精确度一致,但是,实际情况却出现显著的差异,所以,建立建筑物精度准确定位非常重要。提供准确、严密的测量数据,使用工程图纸设计对施工有很大的影响,并且施工质量检验还需要测量工作为其提供技术保障,是检查施工质量的重要手段和方法。

三、路桥施工测量技术

(一)中线放样导线点坐标的检测

复测计算导线点坐标需要遵循三个步骤:①要根据公路设计单位提供的导线控制桩的坐标进行,施工单位只有设计单位给予图纸,图纸主要是导线和坐标的控制桩。②导线点的计算。进入施工现场后,要根据设计单位提供的资料,利用光电测距以或是全站仪,结合经纬仪,恢复主要控制桩,并复联测核导线点。③导线点坐标的测量。一般情况下,都需要知道前两个导线点以及后两个导线点,这时可以采取全方位闭合角度计算,按照相关规定,对闭合差进行计算,分析闭合程度。之后按照导线坐标和长度进行导线计算,分析这些导线与要求是否符合。

测量需要注意，如果误差比较大，要及时找到误差因素，是异位导线点位置被挪动，还是因为仪器出现故障引起的。

（二）水准的测量方式

在水准测量中，需要根据临时的水准点、计算、测量来布置施工，在施工测量中，合理的选择水准点非常重要。水准点的设置需要在较为坚固的地方，比如：铁路、房屋、电线杆等位置，或者是自己埋设，详细记录加密水准点的每个位置。设计单位规划的水准点一般都比较远，大概在1000m以上，这个数据在实际施工中，实用性不大。为了快速准确地构造和建设路基桥，施工人员需要根据施工地形地貌、现场情况等，建设一个相隔200m的施工水准，尤其注意构造物比较密集的地方，都要需要相应增加水准点。

测量。在测量水准操作中需要严格根据标准进行，同时也要对测量仪器进行仔细校对，严格根据四等水准来测量作业，在每两个相邻的水准点测量闭合。之后复核和闭合每个加密的水准点，并做好记录。

设置临时的施工水准点。如果设计单位提供的不便于施工使用，可以在沿线每个200m进行补置临时的水准点。

计算。根据临时建立的水准点高程，建立数据表，包括自设水准点与原始的。根据要求的四个顶级进行数据检查，计算每两个准点的闭合程度，反复检查水准点数据计算的闭合情况。

四、加强工程测量管理的方法

随着我国建设大型桥梁工程项目不断增多，对于放样测量技术的高效和准确性要求也不断提高，目前，基于智能化的全站仪不断发展，关于将遥控、激光和通讯技术相结合的放样检测技术将会有很大的发展前景。在大型的桥梁工程中，除进行放样测设工作，还需要对施工作业和竣工时的桥梁空间形态进行实时的检测和记录。除了智能化全站仪，目前还有利用摄影来测量的数字近景技术和利用激光进行地面扫描等技术，都具有非常大的使用潜力，但是实际作业操作能力还需要提高。

在实际施工中，需要根据工程测量情况进行管理，并采取解决对策，组织好施工过程中的放线工作，提高施工的质量，具体管理内容如下：

施工程序要合理，在进行放线测量工作时，要严格根据施工环境进行，以此来保证测量放线的质量。

提高测量工作人员的素质。对一个专业的测量人员来说，首先要具备细心谨慎、吃苦耐劳、团结协作等能力，之后要严格根据本职工作程序和要求进行工作，严格根据相关规定完成操作，提高整体员工的参与意识，从而提高工作人员对计量任务的重视，监督人员也要加强测量监督工作。测量人员也要对施工的质量进行重视，提高每个测量人员的读图能力。测量工作人员要加强对施工质量的重视，提高自身读图能力，做任何事都要事前想好，在仔细检查，从而保证工作的质量。

定期检测测量仪器，使用先进的测量仪器，加强测量仪器成本的投入。以上几点措施都是为了提高施工质量采取的对策。

总之，想要提高路桥工程施工的质量，首先要保证测量工作的准确性。在建设工程项目时，要严格进行设计，选择最合理、最经济的路线进行施工。对于路桥设计点要实现规范化、标准化，提高施工放样水准测量的准确性，加强对施工测量工作的质量管理，不断提高施工人员的操作能力，对技术和设备的使用要熟练，提高工程测量的精确性，为提高工程建设质量打下基础。

第七节　路面平整度施工技术在路桥施工中的应用

随着社会的快速加快，道路交通的建设也逐渐发展，对道路建设的质量要求也不断提高。然而，由于目前道路施工的技术还有缺陷，一些质量问题仍旧存在。如何找出问题，并提出相应的解决方法，是现在施工建设需要解决的一个问题。在路桥施工中，路面平整度是至关重要的一个方面。它关系到路面的质量、外观和人们出行行车的舒适度，因此，本节通过对影响路面平整度的问题进行分析，对路面平整度施工技术在路桥施工中的实施进行了研究，希望对之后的路桥施工有一定的参考作用。

一、影响路面平整度的原因

（一）施工材料的问题

路桥施工多用沥青混凝土为路面材料。沥青材料的质量对平整度有重要的影响。首先是石料的规格问题，厂家因为在生产材料时的要求不同，材料质量和参数会参差不齐。在施工之前如果不对材料质量进行控制，就会导致路面发生质量问题。石料的大小和石料的矿石强度都会有影响。如果石料比较大，路面会发生泛油的情况；如果石料比较小，路面就会松散。石料强度如果不达标，也会影响到路面的压实程度。除了质量的问题，沥青的搅拌和铺设也会导致路面平整度的问题。因为施工环境的不同，拌和机的温度控制比较难，如果温度比较高，会导致沥青老化；如果温度比较低，会影响接头粘度，导致路面产生裂缝，对平整度造成影响。

（二）施工技术的落后

在施工中，由于施工人员技术能力的不足和技术的落后，任何的操作不当都会导致路面的不平整。施工前对地基的处理不足，如地基中对土灰和垃圾杂物的清理不到位、对地基的承载测量不准确、对地基的加固处理不足等，都会使地基成为平整度的威胁。施工中对沥青原料的温度控制不够导致铺设速度的控制不准确；铺设速度不均匀、速度过快或过慢会使路面温度不同，影响黏结效果；施工接缝的处理由于施工人员技术的不成熟难以处理。在压路机进行压实时，如果操作人员技术不高，对路面会有复压、漏压的情况，碾压时压路机没有匀速，忽快忽慢、路线不正确，对地面进行错误方向的挤压，或突然转向、突然停车和起步，甚至压路机质量较大，任何突然的行为都会使路面平整度发生变化。此外，在已经碾压好但尚未完全冷却的路面上停放压路机，也会导致路面的推挤和产生凹槽。

（三）施工设备的落后

因为长时间的使用，有些装置和零件会老化，发生质量问题，在精度和质量上有所下降，导致路面平整度发生变化。如摊铺机结构不稳定，震动对材料造成晃动，使路面产生裂缝。摊铺机速度不均匀、行走装置打滑、供料速度不稳定，都会使沥青的铺设不均匀。如温度控制不准确，如温度没有控制好，在压路时，如果初压温度高，压路机的痕迹明显，会导致沥青位移距离大；复压温度高会导致沥青和压路机粘连，在压路过程中带动表面沥青，导致路面不稳定，温度低又会使路面变得较坚硬，压路机效果不明显。存在压路机的型号不符合施工的情况，没有根据地基情况选用不同质量和大小的压路机，对路面进行过度碾压或碾压力度不足，对路面平整度造成影响。

二、路面平整度的施工技术

（一）施工前的准备

在施工前，首先对施工场地进行清理，把地基上的垃圾和杂土清理干净。在施工前，对地基进行放样测量。根据施工计划的标高控制、平整度对地基进行改造。如果地基不稳定，还要尽快对地基进行加固，地基的稳定才能保证沥青的稳定，当地基质量符合规定之后，才可以进行下一步的施工。

（二）施工方法

材料的选择。对于石料的规格要进行严格控制。因为生产厂家没有统一的生产规格，且开采场地不同，所以石料的质量和大小也不同，施工企业要针对实际情况对购进的石料进行检查，保证大小和硬度符合规定，防止出现泛油和松散的情况。必须选择强度高，大小适中的石料，还要选用黏度高、含蜡量低、质量好的沥青。搅拌要在专业的搅拌站进行。

摊铺作业。摊铺效果是路面平整度的最大影响因素。只有摊铺阶段做好，才能顺利进行接下来的碾压工作。摊铺控制是比较关键的一个阶段，为了使沥青均匀摊铺，摊铺机必须要匀速移动，不能停机。搅拌机的搅拌要和摊铺机的速度配合好，防止出现速度过快而原料提供不足或速度过慢原料堆积，这些都会导致路面铺设的不平整。一般摊铺机的速度要控制在上层2~3 m/min,下层3~4 m/min,主要根据搅拌机的速度进行摊铺速度的控制,防止摊铺机停顿。根据铺设厚度,对熨平板的仰角提前控制,并尽量不改动,保持铺设的平整和均匀。还要严格控制螺旋分离器,保证混合料的高度一致,防止对熨平板产生不同的压力而使路面产生高低不平的波浪。熨平板的震动和摊铺机的震动要同步,选择小振幅,避免沥青的密实度不足,保证混合料摊铺密实,保证路面铺设的平整度。运料车和摊铺机的配合要合理,因为运料车和摊铺机在施工中常常配合不好而使原料洒落和碰撞,造成摊铺机的晃动,也就影响了铺设时的平稳。

碾压作业。碾压的质量会影响到路面成型效果。且碾压时也可能会因为操作不当对路面造成伤害,所以要进行正确的操作。首先是碾压机的选择,应选择适合施工场地的碾压机,碾压机的规格和重量要符合路面碾压的要求,避免过重导致的对路面的挤压变形或过轻导致碾压效果差;其次是温度控制,碾压时对沥青的温度要求较高,如果初压温度高,路面容易和压路机粘连,造成路面的松散。如果表面温度低,则起不到碾压效果,路面平整度低,也降低了路面的密实度,对路面的使用寿命造成损失;然后是碾压技术,压路机的操作人员要能熟练操作压路机,匀速控制,避免急停和突然启动、换向等不当操作,禁止在未冷却的路面上停滞压路机,还要注意压路机的碾压路线,避免超压或漏压,碾压要由外向内,由低向高进行碾压,防止混合料的挤压隆起。对于路面的接缝,施工人员要对切缝进行认真处理,防止新旧路面交替而产生的颠簸。接缝为直缝最好。

(三)施工后的检查

路面在施工后应对施工成果进行检查。可以采用定长度直尺法,即用一定长度的直尺平放在路面上,测量直尺和路面的间隙。这个方法工序简单、成本低,且测量速度快,是比较普遍的一个测量方法,但是精度不高,只能大致推算路面的平整度。第二种是断面描绘法,用多轮小车式平整度仪在道路上推行,描绘出路面的凹凸起伏。第三种是顺簸累积法,此方法利用顺簸累积仪放在汽车上,通过汽车在路面上的行驶记录出汽车在道路上的振动。这个能直接通过数据反映出汽车在路面上行驶的状态,反映出路面的平整度,也能为出行时的舒适程度和安全状态提供参考,也能由此推断出路面的损耗。

在道路施工中,路面平整度是路面质量的一个重要方面,关系着人们的出行安全,也影响着道路的使用寿命,通过路面平整度施工技术对路桥进行施工,能保证道路的施工质量,防止道路的不平整和颠簸对出行造成影响。同时,也应该发展科学技术在道路施工上的应用,提高施工时设备的精度、施工人员的技术,减少由于现存的问题而影响道路质量问题。影响道路平整度有多方面复杂的原因,要正确认识和分析问题,才能针对问题对路面平整度进行施工,提高路桥施工的质量。

第八节　BIM 技术在路桥施工全过程中的应用

随着交通事业的不断发展，路桥工程建设受到人们的广泛关注。通过 BIM 技术支持路桥全过程施工，可以为施工单位提供很大的便利。明确施工效果，进一步控制施工质量和安全。本节围绕路桥施工，针对 BIM 技术应用的主要特点，重点阐述路桥施工过程中 BIM 技术的应用措施，对应用过程中的主要问题进行分析，为路桥施工单位提供一定的参考和借鉴。

应用 BIM 技术，可以更快速的收集施工信息，并基于互联网技术的发展对采集到的信息进行整理分析汇总，根据软件分析的最终结果对具体的施工情况进行总结和评价，针对施工中容易出现的问题进行总结，并及时调整施工方案，制定有效的改善措施，这对于路桥施工总体质量的提升是非常有意义的。

一、简述 BIM 技术

所谓 BIM 技术，就是在施工开始之前建立有效的建筑信息模型，有比例的将施工数据进行整合利用，应用仿真技术建立有效的工程模型，并进行数字化的管理和模拟工作。BIM 技术具有信息存储功能，保存信息的完整度非常高，可以和工程建设实时同步，具有模拟性的优势。BIM 技术的应用可以为工程建设提供良好的数据参考，确保施工的顺利进行和工程质量的总体提升。

二、路桥施工的主要特点

（一）工程量比较大

我国桥梁建设数量在逐年攀升，路桥施工的总体规模在逐渐扩大。不同路桥工程所处的地质环境不同，有些处在地质条件比较复杂的地区，并且施工的距离也不一样，有些地方施工区域内又分为好几种地质结构，因此进行基础工程施工时，需要采用的技术也多种多样，技术管理难度在不断增加。因此为了保障路桥工程的顺利实施，需要做好充分的准备工作，完善对周边地质环境的勘察，将工程量巨大的区域进行划分，并进行数据整合，减少数据的丢失，增加施工难度。

（二）施工要求比较高

路桥工程建设初期，需要选择合适的建筑材料，以此来保证建筑的使用寿命。举例来说，桥梁工程的使用寿命在七十年到一百五十年之间，因此在进行材料选择过程中，要以此为主要依据，进行桥梁的设计，使其满足主体结构强度以及预应力要求，同时基础工程的铺设厚度以及钢筋类型都需要满足施工需要。这些工程参数的确定，是基于路桥工程的相关质量标准来制定的。一般情况下，施工现场会制定相应的质量管理制度，在具体施工操作过程中要严格遵循现场质量管理体系，以此来提升路桥工程的整体质量和安全系数。

三、BIM 技术在路桥工程应用中存在的问题

（一）受到外界因素的影响

建筑工程施工场地相对来说比较独立，进行地质勘查的结果准确度比较高，因此在设计环节不会出现大幅度的改动。但是道路桥梁工程有些跨度比较大，接触的地质情况相对复杂，进行地形测绘准确度不高。因此，在实际的过程实践环节，施工设计方案需要随时进行调整，尤其涉及到隧道、边坡等位置，需要不断调整设计图纸。而 BIM 技术的应用主要针对的是某一种隧道或者一个桥梁工程，相对来说独立性强，因此无法实现对整体工程的控制，受到外界影响比较大。

（二）行业标准尚不成熟

目前，道路桥梁中应用 BIM 技术仍然处于初期阶段，技术应用还不成熟，设计部门以及施工单位按照实际工程建立的过程模型很多情况下并不能被接受，行业缺乏统一的标准，不但影响了路桥 BIM 技术的应用，还限制了特殊地质下工程的施工。

四、BIM 技术在各阶段的应用要点

（一）施工准备阶段的应用

在路桥施工过程总成本中，施工材料大约占据了一半，特别是施工材料浇筑环节，材料总量使用过大，如果不能对施工原材料进行合理的控制，不仅会影响整体工程的质量，还会增加事故发生的概率，并增加施工成本的投入。应用 BIM 技术的主要作用就是借助以往工程中收集的资料，建立符合工程建设的材料模型，在模型中标准材料的使用种类、参数配比、材料的强度等数据，并组织相关人员进行材料市场的走访，不断了解市场建材的行情，确定材料最合适的单价，并对市场变化做出预估，在不超出材料成本的基础上，购买符合工程施工，性价比最高的施工材料。在材料进入施工现场之前，进行材料的抽样检查工作，保证其质量符合施工要求，能够为后期工程提供保障。

（二）建设施工阶段的应用

建立科学的 BIM 建筑模型，并公开具体数据，以供业主方、设计部门、施工部门以及监理部门共同参考，缩短各部门之间沟通的距离，及时进行信息的传递，增加工作效率。进行构件的加工时，可以通过 BIM 平台将构件信息传递给工厂，提升构件的加工准确度，还可以通过三维模型来减少构件误差的产生。BIM 技术可以进行施工过程模拟，科学合理

的进行工程资源的流动，同时优化施工方案，从而达到提升施工质量的目的，一旦有施工进度的变化，还可以在平台进行修改和备注，减少资源的浪费。此外，施工材料上备注的二维码，在材料进场环节通过扫码验证，材料信息和相关的注意事项都可以传递到数据模型当中，便于对施工材料的管理。一旦施工过程中发生安全事故或者质量问题，通过BIM技术可以及时的发现并跟进。

（三）进行施工合同管理

很多工程在进行合同的制定过程中，都会选择EPC模式实现对项目的管理。这样既保证了承包方的利益，又保障了发包方的经济效益。BIM技术的引进，可以有效的帮助承包方对合同内容进行修订，并结合具体的数据分析系统。对合同中的具体数据进行核实，及时补充合同中的遗漏条款，确保合同的合法性和科学性。并减少合同履行过程中产生不必要的纠纷，增加施工单位的成本。

（四）进行施工质量控制

项目的整体质量影响着工程的使用寿命以及工程交付使用的安全性。应用BIM技术可以实现对工程质量的控制。工程施工过程中出现的质量弊端可以在建筑模型中一一标注，后期对这些质量问题进行跟踪管理。利用BIM技术的可视化功能，实现对质量的科学控制，减少施工过程中的质量问题。同时，利用施工建筑模型可以全面了解施工方案的可行性，对施工中需要注意的细节问题进行重点把控，及时处理出现的质量问题，减少后期返工现象，造成施工成本的增加。

（五）工程进度管理

随着市场体制的不断改革，企业获得经济效益的空间被压缩，因此想要获得更高的经济效益，企业需要按时完成施工，减少延期的情况。在具体的操作环节，借助BIM技术建立模型，根据模型中各分项工程的工作安排，总整体上把控工程进度，按照施工计划书的安排，将施工过程划分为不同的阶段，制定完善的施工进度方案，将施工计划落实到每一天。进而落实到周，落实到月，从而实现对施工整体进度的把控。保证施工工序的有效开展，同时减少延期现象。

（六）运营养护阶段的应用

道路和桥梁的线性跨度大，因此工程的运营和养护的难度较大。为保证道路与桥梁的养护质量，提高管理水平，在运营养护阶段采用BIM技术与GIS技术的结合方式来实现管理。GIS是Geographic Information System的缩写，即地理信息系统，通过GIS采集和分析的环境信息，结合BIM模型里各段道路和桥梁的养护条件，为路桥的养护提供信息和数据支持。

综上所述，路桥工程的建设难度比较大，跨越时间也比较长，利用BIM技术可以有效的把控施工进度以及施工质量，减少各环节不必要的工时浪费。同时能够及时发现施工过程中容易发生的主要质量问题，保障施工人员、设备以及现场的安全，相信随着科技的不断进步，我国路桥工程的建设将会更加高速的进行，质量也会得到更快的提升。

第九节 现浇盖支架施工技术在路桥工程中的应用

文章主要介绍了计算现浇盖支架的相关内容，分析了现浇盖支架施工技术的形式，探讨现浇盖支架施工技术在路桥工程中的具体应用，以充分发挥现浇盖支架施工技术，不断地提升现浇盖支架施工工艺水平，保障路桥工程施工质量，为人们提供更为安全和便捷的出行环境，延长路桥工程的使用时长，创新现浇盖支架技术形式，从而推动路桥工程建设的可持续发展，促进路桥工程施工效益的提升。

近年，我国一直致力于城市现代化建设，交通建设是其中一项重要组成部分，必须予以高度重视，不容忽视。随着人们的生活水平不断提升，车辆数量逐渐上涨，为创造一个完整的交通体系，为人们提供快捷而安全的交通环境，应当重视路桥工程建设的发展。在路桥工程建设中，可根据工程特点，结合工程建设目标，采取先进的施工技术，来保障路桥工程施工质量。现浇盖支架施工是路桥工程中常见的技术之一，在应用过程中，需要把控好施工技术要点，选择适宜的支架形式，提高路桥工程施工水平。

一、计算现浇盖支架的相关内容

（一）计算自落地支柱

在选择自落地支架技术形式之后，需要进行科学的计算工作。根据路桥工程的施工要求来确定构件类别，确定型钢和支架的使用类型，需要对轴心抗压程度进行有效计算，通过运算得出其稳定系数。在实际施工过程中，应当充分了解施工现场的周边情况，做好实地勘察工作，选择材料后确定其参数，以便于后续施工工作的顺利开展。要预估构件的强度，保障各项数据的真实性和准确性。

（二）计算抱箍

在选择抱箍挑架技术形式后，需要对抱箍的承载能力进行科学的计算，通过桥柱、抱箍支架的摩擦力来有效运算。除此之外，还可以选择计算抱箍应当承受的地心引力。这两个数据之间要具有一定的平衡性，以免支架出现位移状况，增强抱箍的承载力。可将较为平滑的桥墩表面进行粗糙化处理，以此来增加其摩擦力，实现支撑作用。

（三）计算托架钢锭

在选择埋设托架技术形式后，应当对托架钢锭进行计算。要有效把控施工现场环境，了解施工现场的装备，掌控盖梁的高度，将施工安全放在第一位，保障施工质量。进行预埋支架设计的过程中，要计算钢锭的截面积和纵横梁，了解预埋支架的最大弯数据和剪力。

二、现浇盖支架施工技术的形式

（一）自落地支架技术形式

自落地支架技术形式，主要应用于土质比较好的路桥工程中，其作用在于控制盖梁高程，发挥支架作用。在应用这一支架技术施工的时候，需要严格管理钢管立柱的垂直度，贯彻落实施工流程的要求，制作纵横杆和扫地杆，根据要求进行搭接处理，其长度不可长于1 m。要清理施工现场，对施工现场环境的要求比较高。其优势在于有着良好的支撑作用，承载力较好，但是在施工过程中耗费的材料比较多，施工成本相对来说较大。

（二）抱箍挑架技术形式

抱箍挑架技术形式是路桥工程现浇盖支架施工中的一种，其主要是利用钢板箍来处理盖梁，利用螺栓来搭设支架和模板，一般应用于盖梁重量较大的路桥工程中。为了避免所用材料过于光滑而影响受力的均衡性，则需要先对材料进行粗糙处理，以保障最终的施工结果。抱箍挑架技术形式的优势在于其不需要较大的土地空间，能够缓解土地资源的压力，可于短时间内得到有效推广。虽然在计算数据的时候有一定的复杂性，增加了成本，但整体效果比较好，有利于提高支架的承载能力。

（三）埋设托架技术形式

埋设托架技术形式，主要是应用于水上施工中，其能够承载较大的荷载，通常采用空心钢管来进行施工，钢管的直径大于1 cm，有利于进行良好的穿管作业。横梁支设的长度应当与钢锭悬臂的长度保持一致，将其牢固焊接。

三、现浇盖支架施工技术在路桥工程中的具体应用

（一）做好测量工作，处理地基

在进行现浇盖支架施工技术的时候，应当先进行准确的测量工作，将盖梁轴线放置于柱子上，测量其高程，进行放样，并对所测量的数据和放样的信息进行复核，保障其准确性，在确定无误后将数据报给监理部门。要了解混凝土保护层的厚度，在模板上标示出钢筋的位置，做好相关记录后由相关部门进行审批，审批通过后才能开始施工。安装盖梁支撑之前，需要先处理施工区域的地基，保证地基的稳定性，清楚地基表面的杂物，对地基

进行夯实处理，使其土质更加紧密，不存在空隙，提高地基的强度，需要充分了解底垫的厚度，避免地基出现下沉。

（二）选择适宜的支架形式，铺设支架

要基于路桥工程的实际需求以及其工程特点，选择适宜的支架形式。不同的现浇盖支架技术形式，所呈现出的效果也有所不同，各自具有自身的优势和劣势，应当根据实际情况来加以选择。在确定好支架形式之后，便要铺设支架。例如，可在地基上搭设枕木铺设支架，处理做托和顶托，利用工字钢来稳定支架结构，避免支架受力变形。支架铺设完成后，需要对其进行严格审查，确保支架的每一个位置都十分牢固，不会出现松垮状况，在质检达标后才能再进行下一道工序。

（三）安装底模

在进行现浇盖支架施工的时候，需要安装盖梁的侧模和底模，选用钢材质最佳，为保障模板的质量和性能，使其满足于施工要求，则必须对其进行有效的管理，检验其质量，并且尽量于规定厂家中取货。模板的挠度不可大于跨度的 1/400，模板变形的程度只能在 1 m 左右。当盖梁的高度达到 6 m 以上时，则应当尽量避免模板与筋笼的接触，充分利用缆绳来固定模板。在应用工字钢的时候，可以在其上方安置放牧，根据实际需求来调节底部模板的高程。底模与桥墩的连接处，需要用海绵条来进行处理，缝隙处要用水泥净浆填平。在处理模板的时候，需要利用高质量的脱模剂，均匀涂抹于模板中，以便于拆除。

（四）绑扎钢筋

在现浇盖支架施工过程中，绑扎钢筋环节十分重要。首先，要先按照施工图纸中的要求，于现场吊装钢筋，将质检合格的钢筋运输到施工现场中，进行捆扎。制作盖梁接头的时候，若是存在预埋件，则一定要根据图纸中的标识来进行施工。完成钢筋绑扎后可采用有效的方法进行吊装，尽量避免钢筋架变形，保障安装的准确性。捆扎盖梁的时候，要注重焊接工作，可将钢筋半成品吊装于底模上进行捆扎，安装波纹管。

（五）拆模施工

完成盖梁的混凝土浇筑工程后，需要等待一段时间，观察混凝土的强度是否达到施工标准要求，确保混凝土浇筑质量合格后，可进行拆模工程。先拆除侧模，等到混凝土强度大于规定值后，再拆除底模。如果是在冬季施工，需要先提交拆模申请，附上混凝土试机件检测报告，由技术人员审批通过后才能进行拆模工作。

在路桥工程施工过程中，现浇盖支架施工技术并不是一项简单的工作，其具有一定的复杂性，需要从多方面把控，实施系统化管理。为保障路桥工程施工质量，有效应用现浇盖支架施工技术，需要根据工程施工的实际情况，选择适宜的支架形式，全面了解不同支架形式的优劣处以及施工中的技术要点，保障最终的施工结果，达成预期施工目标。在进

行现浇盖支架施工的时候，应当先进行现场勘查工作，测量放样，确保数据的真实性和准确性，然后铺设支架，安装底模，牢固绑扎钢筋，使其固定在规定位置上，等到混凝土浇筑施工满足质量要求后，便可以进行拆模作业。

第五章 路桥施工管理的基本理论

第一节 路桥施工管理存在问题

随着我国城乡经济全面发展，路桥进入全面高速的发展进程。路桥的全面施工涉及全国的城市、农村，基础建设覆盖面积大，路桥在施工质量监测和施工过程管理控制面临着巨大的问题，如何采取有效的方式提升路桥施工质量、严格把控施工进程并形成施工成本总控，是路桥施工管理重点解决的问题。本节通过对路桥施工管理中存在的问题进行论述和分析，并提出合理的解决措施，以期对我国路桥管理提供参考。

随着"2020全面实现小康社会"目标的临近，近些年我国在互联网科技、智能化建设以及科研方面实现了飞速发展，而交通运输作为我国基础建设的核心部分，是我国实业发展的重要支撑。同时"一带一路"发展战略的提出，也体现出交通运输行业的发展对我国国际经济发展和外交水平提升的重要作用。路桥施工在我国交通运输中占据重要分量，随着"十三五"规划的提出，路桥施工进程势必成为社会进步和发展的重要因素。因此，我们需要不断审视路桥施工过程中的问题，加快提升施工管理水平，高效、高质量完成我国社会发展中的路桥施工任务。

一、路桥施工管理的重要性

随着我国路桥施工项目的增多，路桥施工管理体现出重要的作用，具体如下：

（一）能够有效提升施工进度

路桥施工管理涵盖着工程前期论证、施工计划、资金管控、施工进度管理等，进行科学有效的施工管理，可针对施工前期的施工选取、拆迁安置、工程核算、工程招标、施工规划设计及施工计划进行科学制定，有助于预防和解决施工过程中出现的问题，保证项目施工进度，避免因施工进度问题导致的时间成本等一系列问题。

（二）能够有效保证施工质量、控制施工成本

路桥施工的承包单位是通过招标选择的，而在具体施工过程中又划分出若干小项分包出去，这需要拥有严格的监管部门对工程质量进行监管，防止"偷梁换柱"的质量问题出

现，同时质量的提升有助于减少工程修复问题重复出现，从长期来看可有效控制施工成本。

（三）能有有效减少施工安全问题

路桥施工过程中，施工工人严格按照施工程序进行施工，佩戴施工防护设备，可预防和减少施工安全事故的出现。因此，路桥施工管理在提升施工进度、施工质量和降低施工成本、减少施工安全问题出现方面具有重大作用。

二、目前我国在路桥施工管理存在的问题

（一）施工现场管理混乱的问题

路桥施工现场存有大量的施工机械、施工材料，是施工队伍作业的场所，因此路桥施工现场管理是否有序直接关乎施工效率和施工材料的完整。但就我国路桥施工现场情况，存在着施工材料随意堆放、施工固体垃圾随意丢弃、施工废水随意排放等问题，而施工机械存在维护不及时，经常出现施工机械损坏而导致的施工中断等问题；同时，施工材料的随意堆放，极易引起施工过程中安全事故的发生，给建筑企业造成巨大的人力和财力损失。

（二）施工成本管理不到位

路桥施工成本的控制取决于工程在施工阶段对财务严格报销制度的执行，所有财务报销的依据要严格按照相应的工程结算节点、材料进货单、材料询价单及责任人签批等。在我国施工过程中，由于管理制度的缺失，导致了财务报销程序混乱和工程款随意支取等问题。而施工现场管理混乱导致了施工材料浪费及施工设备损害引起的额外成本增加。同时，施工管理在项目施工进度的不严格把控导致项目施工计划的拖延，整个施工周期会随着天气、环境等不可控因素而延长，最终造成时间成本浪费问题。

（三）施工规划的不完善

因为我国路桥施工环境具有一定的复杂性，且每一个工程施工环境都不同，所以需要专业人才针对现场情况制定科学、合理的工程规划。但在我国路桥施工规划中，受制于专业人员的缺乏、前期施工环境考察不完善、工程预算等因素，使得施工规划与实际情况脱节，在具体施工中而因规划不合理造成施工返工或施工中断。

（四）安全意识的匮乏

施工工程中施工人员人身安全和施工质量安全是最重要的两个安全因素。施工人员安全事故的出现容易导致工期延误和资金损失，也是近些年工程施工过程最容易出现的问题，一方面是施工人员安全意识淡薄，对于施工过程存在的隐性风险不重视，不认真落实相应的安全措施；另一方面是由于部分施工人员并非专业人员，专业技能匮乏，使其在工程施工过程中容易出现技术失误，造成人员安全隐患。同时，工程施工管理部门由于对安全意

识的缺乏，导致在工程施工过程中，对工程材料偷工减料，试图减少施工成本，最终增加了工程安全隐患。

三、解决施工管理存在问题的具体措施

（一）构建施工管理制度

在路桥施工管理中，要构建完整、科学的管理制度，包含前期规划、施工计划、施工进度、质量管控、仓管、财务等相关制度，要严格遵循每个制度的要求，实行责任制度，每个环节设立具体负责人，保证监管到位、实施到位。同时，针对每个环节构建具体的标准和尺度，在具体的监控执行过程中拥有相关的参考依据，以促进监管工作的执行。

（二）严格控制施工成本

在路桥施工管理中要严格执行相关的财务审批和报批制度，杜绝在施工期间预支和不规范财务报批情况的出现。要严格依据工程前期预算作参考，对于工程施工进度或施工计划的更改，要及时调整施工预算，对施工成本进行严格管控；针对工程的材料要进行区域化归纳，确保监管责任落实到位，详细记录材料进出记录，避免材料浪费；针对工程设备，要定期进行设备监测，对于有问题或需保养的设备要及时进行保修，避免工时浪费；针对工程质量要严格进行把控，杜绝偷工减料行为造成的工程返工损害。

（三）严管工程施工安全

在施工过程中要重述安全的重要性，着重培养施工工人的施工技巧，同时工人在施工过程中要佩戴相应的安全防护工具，保障自身安全；施工管理过程中，要针对施工人员防护设备和施工设备进行定期检测，提升施工人员的安全意识，了解自身安全以及工程安全的重要性，以最大限度地规避施工风险的出现，避免因施工安全而造成工期延误和财产损失。

（四）构建科学的工程规划方案

工程施工是严格按照工程规划进行施工，因此施工规划的合理性决定了施工进度和施工计划制定的完整性。构建科学的工程规划，要选取专业的人才，根据工程施工的实际情况制定，而施工计划要严格根据施工目标、施工投入、施工工程进行科学制定，同时要保证整个施工计划的弹性，避免突发事件的发生，要拥有应对和处理的空间。

路桥施工在我国基础设施建设中占据着重要的位置，在我国社会主义经济全面发展以及城乡经济发展需求的背景下，路桥施工要严格把控规划、质量和施工进度，保证路桥施工在科学、合理的规划条件下，严格按照财务申报制度进行财务报批，同时提升施工人员的安全意识，提高施工人员施工技能，从而保证工程高效高质量完成。我国在路桥施工管理方面仍处于探索阶段，在规划、财务和质量管控方面仍存在不足，所以我们要正视所面

临的问题，积极对其进行探索和解决，以期提高我国路桥工程现代化施工管理水平。

第二节 路桥施工管理的影响因素

路桥工程作为推进我国城市化建设的基础设施，必须严格控制路桥施工过程、做好路桥施工管理工作。论文分析了路桥施工管理的主要影响因素，提出了路桥施工管理的改进对策，以期促进路桥工程质量的提升和延长使用周期。

路桥工程作为一项宏大而系统性的工程项目，其施工工序繁多、步骤复杂，且施工周期长、建设成本高、易受到外界环境因素的影响，施工管理可谓是整个路桥工程建设的重点内容，必须贯穿路桥施工过程的整个阶段。通常情况下，路桥工程施工管理应涉及具体施工建设的方方面面，既包含施工技术、施工人员、工程用料、方案设计，又涉及到施工成本、财务管理、施工安全以及施工进度等。施工企业必须清楚地掌握影响路桥施工管理的因素，继而针对性地采取改进措施，以优化施工管理效果。

一、路桥施工管理的影响因素

（一）人员因素

路桥施工管理是一项涉及诸多内容与诸多层面的复杂工作，其管理效果会受到多种因素的影响，其中，施工人员是最关键和最基础的因素。施工人员包含施工方案设计人员、技术操作人员、现场施工人员以及工程监管人员等。一方面，施工人员负责施工方案的设计与具体落实，他们的专业素质、操作经验以及管理水平直接决定着整个路桥工程的施工管理效果。另一方面，施工人员若文化素质低、综合管理能力不强、缺乏相应的管理经验，则可能下达错误的管理指令，进而影响整个路桥工程的顺利施工。目前，就我国路桥工程施工建设与管理而言，仍有一部分工程管理人员缺乏足够的理论基础与实践经验，管理模式落后、理论知识更新不及时、技术能力偏弱，无法严格遵循路桥工程施工管理规范，从而在一定程度上降低了工程施工质量。

（二）材料因素

施工原材料是组成路桥工程结构体的最基本单元，也是路桥工程施工的基础。施工材料的选用以及质量可在较大程度上决定着路桥工程的建设质量。因此，施工材料是我国路桥施工管理的主要内容之一。若原材料的品质不达标，一方面会大幅度增加工程管理的难度和工作量，另一方面还可能导致项目返工或重新施工的情况，延长了施工时间。所以，施工企业要指派管理人员务必做好施工材料的监督管理工作，严格选用各项性能参数均能够达到工程建设标准与国家工程材料使用规范的各种原材料，从而为路桥工程的顺利施工奠定基础。

（三）设备因素

近年来，随着我国公路桥梁工程的大力发展与科学技术水平的不断提升，路桥工程施工的机械化水平与自动化能力逐年增强，包含压路机、材料配置机、搅拌机、摊铺机等在内的工程设备越来越成为路桥施工中的必备品。现代化的机械设备能够大幅度提高施工效率，并能增强施工工序操作的准确性。因此，为了在最大程度上提高路桥工程施工的综合水平，施工企业务必做好机械设备的引进与管理工作。若施工设备无法满足该项目工程的等级要求，不仅会给施工企业造成较大的时间损失与资金损失，更可能严重影响施工质量、降低施工管理效率。

（四）环境因素

公路桥梁工程的施工现场是在室外，直接与外界环境相接接触，因此，路桥工程施工及其管理活动均会受到外界环境因素的影响。路桥工程往往横贯多个地区，线路距离十分长，可能会经过多种不同的地形地貌，所以，路桥工程施工现场的地质水文条件也较为复杂。与此同时，路桥工程是一项涉及内容繁多、工序复杂的系统性施工项目，其施工技术要求严格，是一种直接暴露在外部环境中的作业工程，空气湿度、温度以及雨雪天气等均可能对工程施工造成较大影响。因此，施工企业必须加强外在环境监管，实时监测相关指数，以针对性地实施环境管理措施，在最大程度上避免路桥工程施工受到环境因素的威胁。

三、路桥施工管理的改进对策

（一）强化技能培训，增强管理人员素质

如上所述，管理人员是路桥工程施工管理过程中的最主要因素，具有极强的能动性和灵活性。所以，管理人员的管理素养与管理技术水平将直接影响工程施工管理的效率。然而，由于受到传统观念的影响，我国公路桥梁施工企业仍存在"重施工、轻管理"的现象，监管人员的素质普遍偏低。因此，施工企业务必要转变观念，积极开展多种形式的培训，以增强路桥工程施工管理人员的综合素质。首先，从国内外引进理论知识扎实且实践经验丰富的工程管理人员，为工程管理队伍注入新鲜的血液，从而为管理队伍建设和发展提供动力。其次，加强工程施工管理人员的专业培训，促使其管理知识、施工技能以及管理模式得到及时更新，从而增强实际的管理效果。最后，建立健全路桥工程施工管理人员的薪酬福利体制与奖惩激励机制，激发他们的工作兴趣与责任心，同时有益于施工企业管理制度的科学化与规范化发展。

（二）严格材料选用，控制施工材料质量

原材料是影响路桥工程施工的最直接因素，因此，施工企业要将材料管理纳入路桥工

程施工管理的重点范畴，严格材料选用，控制施工材料质量。具体措施如下：

施工企业可调配专业人员并组建施工原材料采购办公室，专门负责各种原材料的采购、分析与比较。施工企业在正式确定采购何种材料时，必须对此种材料的供应市场、不同供应商进行系统性的调查分析，以选定诚信度高、材料质量过关且价格低廉的供应商。

施工企业必须对采购材料进行试验检测，分析试验过程及其获得的检测数据，从而确保该类材料符合路桥工程建设等级。若发现材料的质量不符合标准，则应及时撤下该材料，严格禁止此类材料进入施工现场。另外，对于妥善存放后的材料而言，施工企业还需做好抽样检测工作，以确保其各项性能符合标准要求，严格预防材料的湿潮化。

（三）做好设备租赁工作，强化机械设备管理

路桥工程施工的机械设备管理应从以下3个方面着手：

严格把控机械设备的租赁，确保机械性能满足工程施工要求。机械设备的采购或租赁人员应详细分析路桥工程的施工设计方案，从而明确各个环节的施工要求，以此为基础，选择出性能优良的路桥工程施工设备。

做好机械设备的日常检查、保养与维修工作，以确保其优良的性能和快速的工作效率。若在需要用到相关机械设备的施工阶段才对其进行检测，必然会延误施工时间，甚至影响路桥工程的建设质量。

施工人员应综合计算施工量与机械设备的作业能力，有效组合多种机械设备，从而切实提高施工效率。

（四）优化施工技术，注重施工技术管理

施工技术的合理运用是提高路桥施工质量的关键，施工企业必须重视施工技术管理，从而不断优化施工技术。首先，施工企业应建立总工程师技术负责制、技术人员岗位责任制以及技术责任奖惩制，明确指出不同施工人员及管理人员的任务分工，从而将责任落实到每一位施工人员身上。其次，技术人员应积极进入施工现场并开展系统性的考察，严格审阅施工设计图纸，编制科学而恰当的施工方案，积极引用新技术和新工艺，为路桥工程质量提供保障。

综上所述，路桥工程作为地理跨度大、施工周期长、工序复杂且技术繁多的露天施工项目，其科学有效的施工管理至关重要，是保障路桥工程建设质量的重要基础。施工企业应从具体的路桥工程项目出发，增强管理人员素质、做好施工材料采购与设备管理工作、优化施工技术管理，进而不断提升路桥工程的管理水平。

第三节 路桥施工管理过程的创新管理

路桥工程指针对公路设施和桥梁设施组织开展的勘察设计工作、施工过程性管理工作以及日常养护工作。施工管理工作的综合性组织开展水平，对我国路桥工程建设事业的综合性质量效能获取状态具备深刻影响。文章围绕路桥施工管理过程的创新管理问题，择取两个具体方面展开了分析和论述。

路桥工程施工管理工作是具备系统化和复杂化特征的管理工作实践过程，其具体的任务组成内容不仅包含对施工计划的管理工作，而且还同时包含施工进度管理和施工材料管理等多个具体方面，在一定程度上确保了施工管理工作能够贯穿和覆盖路桥工程施工活动的完整性组织开展过程。在路桥工程项目施工作业过程的具体化组织开展过程中，高效系统科学的施工管理工作的组织开展，是确保路桥工作施工活动顺畅有序组织开展和获取到最佳预期效果的基本前提条件，而针对实际组织开展的路桥管理工作，展开基于指导思想和实践策略领域的创新改革优化，对于切实改善提升我国路桥施工管理工作的质量水平具有重要意义。有鉴于此，本节将会围绕路桥施工管理过程的创新管理展开简要阐释。

一、路桥工程的概念界定和路桥施工管理工作的基本特点

（一）路桥工程的概念界定

所谓路桥工程，指的是针对公路设施和桥梁设施组织开展的勘察设计工作、施工过程性管理工作以及日常养护工作过程，其具体涉及的任务项目，同时包含路基建设工程、路面建设工程、路桥防护工程、路桥绿化工程以及交通工程等具体化任务项目。

从整体性角度展开分析，路桥工程项目本身包含广泛的具体内容，并且通常包含一定数量的路桥相关性施工作业任务项目。路桥工程施工管理工作是具体组织开展路桥工程建设工作过程中的关键环节，其具体的组织开展质量不仅深刻影响路桥工程项目的施工建设水平，同时还深刻影响路桥工程项目在实际建设成型之后的使用功能表现状态以及实际使用者的生命财产安全水平。从这一基本角度展开阐释，在实际组织开展路桥工程施工活动过程中，必须科学系统地组织开展基础性的施工管理工作，从而有效改善提升施工作业过程中的整体性质量控制水平。

（二）路桥工程项目施工管理工作的基本特点

复杂性。在现有的施工作业活动组织开展过程中，路桥工程施工产品在种类和表现特征层面的多样性特点，导致实际组织开展的路桥工程施工管理工作，本身具备表现特征极其鲜明的复杂性：第一，不同路桥工程施工产品在表现类型层面的差异，诱导了各种类型

路桥工程施工产品在使用功能层面存在显著差异；第二，在路桥工程施工产品表现类型完全相同条件下或者是在不同类型路桥工程施工产品具备相同使用功能条件下，施工作业活动现场在综合性技术环境条件方面展现的差异，通常会导致不同项目实际施工作业过程中具体面对的技术难度明显不同。

从如上所述的两个具体方面可以知道，路桥工程项目的施工作业管理工作本身具备着表现鲜明的复杂性。

流动性。在现有的工程施工技术发展背景之下，路桥工程施工活动本身具备较高表现水平的流动性，给实际组织开展的路桥工程项目施工管理工作造成了较大难度。

路桥施工企业与其他多种类型的建设施工企业之间，本身在基础性业务项目表现类型和组织实施路径层面存在着表现显著的相互差异特征，因而导致路桥工程施工项目的施工管理管理工作人员，通常需要在较短时间之内在多个不同的具体项目之间进行流动或者是同时承担处在多个不同空间区域中工程施工项目的管理工作任务，从这一研究切入角度具体展开分析，路桥工程项目的施工管理工作本身表现出较为鲜明的流动性特点，导致实际组织开展的施工管理工作，难以顺利获取到充分的稳定性和系统性，给我国路桥工程施工项目的综合性质量指标获取水平造成了显著的不良影响。

计划管理性。现有的施工技术发展实践背景之下，路桥工程施工项目本身都具备较大的空间体积表现特征，因而在实际施工作业过程中通常会在露天作业条件下，真切地面对一系列表现状态极其恶劣的施工作业技术环境，导致实际工程施工技术作业活动的组织开展过程中，必须严格遵照施工作业活动过程中实际面对自然环境限制条件以及施工作业现场实际具备技术支持条件，动态调整施工作业活动过程中的项目任务计划和施工进度控制计划，并且在基于施工计划组织实施施工作业环节管理工作过程中，确保我国路桥工程施工作业活动，能够顺利获取到最佳预期效果。

二、路桥工程施工管理过程中的创新管理实践思路

（一）切实建构和完善指向路桥工程施工活动的质量保障体系

切实建构形成路桥工程项目的施工质量监理制度体系。路桥工程项目施工企业在具体组织开展工程项目的施工作业过程中，应当逐步建构和完善指向工程项目具体施工作业过程的施工质量监理工作制度，确保在实际组织开展的路桥工程项目施工质量监理工作的具体实施过程中，能够具备较为充分的科学性和系统性。在具体运用工程施工质量监理制度组织开展路桥工程项目的施工质量管理工作实践过程中，应当督导相关质量监理工作人员，结合具体项目在施工作业活动过程中，实际具备的质量表现状态，及时恰当行使施工质量否定权，确保我国实际建设形成的路桥工程施工成果，能够稳定具备最佳的质量表现状态。

切实建构和运行工地试验室。工地试验室的建设和基础业务活动的组织开展水平，能够深刻影响我国路桥工程项目施工活动的综合性质量活动状态，同时还能在工程施工活动

的具体组织开展过程中,针对基础性质量指标发挥一定表现程度的控制作用。鉴于工地试验室在路桥工程项目的施工作业过程中,同时承担着施工进度控制和施工质量控制的双重功能,是确保工程施工活动顺利获取最佳预期施工质量控制效果的重要前提条件,因此在实际组织开展路桥工程工地试验室的建设工作过程中,应当借由采取适当类型的干预控制手段,确保实际建设形成的工地试验室能够具备较为完善的功能配置。在具体组织开展针对特定路桥工程建设项目施工质量状态检验工作过程中,要全面指令工地试验室技术人员,严格遵照相关的技术操作规程,组织开展路桥工程施工项目施工质量水平检验活动,确保实际获取的检验结果能够获取到相对充分的科学性和准确性。

(二)切实建构完善路桥工程施工项目的工期控制系统

在路桥工程项目施工作业实践活动的具体化组织开展过程中,不论是施工作业过程的组织管理工作人员,还是施工作业过程中的每一个具体参与者,都必须严格建构形成稳定合理的工期控制意识,确保实际组织实施的工程项目施工将作业活动环节,能够在严格完成最佳表现状态的工期控制指标基础之上,顺利实现最优化的施工作业质量水平控制目标。

在路桥工程项目施工作业环节的组织筹划工作阶段,项目施工经理应当将具体施工作业项目中,涉及的所有作业任务项目都纳入到施工工期管理控制方案的研究考量视野之中,要以路桥工程项目发包方,在项目施工承包合同文本中规定的最终竣工时间节点,作为基础限制条件,在实际施工作业技术活动组织开展之前,优先做好施工作业活动组织开展过程中,各主要作业任务环节的施工进度次序和时间进度安排控制工作,确保实际组织开展的路桥工程施工作业项目,能够严格遵照预先设定的施工作业周期,顺利且优质完成预先设定的各项基本施工作业任务环节。

在具体组织开展针对具体化路桥工程施工项目的施工工期管理控制干预工作过程中,相关管理工作人员应当在针对施工作业过程中,涉及的具体任务环节开展时间进度状态表现水平管理控制工作过程中,同时充分做好指向具体施工作业活动环节的施工质量状态控制工作,确保我国路桥工程项目施工作业活动的综合性质量获取水平不断改善优化,提升我国路桥工程项目设施的综合性使用效能表现水平。

(三)切实加强施工资料管理创新

在路桥工程施工项目竣工交接业务环节的具体化组织开展过程中,基础性工程信息资料收集整理工作的组织开展,对于具体路桥工程施工项目竣工交接业务环节能否顺利完成,具备不容忽视的实践影响价值。

在具体组织开展的路桥工程施工活动过程中,具体涉及的项目信息资料主要包含路桥工程项目施工设计方案,路桥工程施工项目的施工设计图纸,路桥工程项目的组织设计规程,施工作业过程技术细节操作要领指导书,以及其他资料多种具体表现类型。

从具体化的业务活动组织开展路径角度展开分析,工程资料文本是在路桥工程项目竣工阶段开展施工结果验收工作以及审计工作环节工程中的基础性信息数据要素准备条件。有鉴于此，在实际组织开展路桥工程项目施工作业实践环节之前，应当优先全面组织路桥工程项目施工管理工作人员以及路桥工程项目施工作业人员，优先针对施工作业过程中涉及的各类基本资料文本展开全面系统的学习领会，确保实际参与的施工作业活动能够顺利获取到最优化预期效果。

针对路桥施工管理过程的创新管理问题，本节具体择取路桥工程的概念界定和路桥施工管理工作的基本特点以及路桥工程施工管理过程中的创新管理实践思路两个具体方面展开了简要的分析论述，旨在为相关领域的研究人员提供借鉴。

第四节　路桥施工管理中的技术及质控

公路路桥工程可以说是一项历时时间比较长的工程作业，工程项目能否在预期内准时完工在极大程度上与工程的施工技术和质量控制工作存在密切的关系。在日常的公路路桥工程施工作业当中，一定要把握好工作的重心，这样才能够使得工程施工在安全的状态下高质量完工，并且要努力协调好各方面的关系，从而建设高质量的公路路桥工程，为我国社会主义建设事业的未来发展起到巨大的推动力量。

提高我国路桥施工控制的质量是当下一件十分必要的事情。对于路桥施工技术以及质量的控制是最为有效的措施，更是预防交通事故的基础。对施工质量的严格把控，将更为有效地减少施工质量问题。

一、公路路桥的作用及其意义

公路是目前最为常见的一种运输方式，其给人们日常生产与生活带来的影响可以说是非常大的。但不管是人或者物发生位移都需要通过借助道路来加以实现。可是，因我国各个地方所处的地理位置是完全不一样的，整体地理环境也可以说是完全不同，为此，公路路桥施工作业时要从本地的自然环境状况、地理条件等方面着手，这样才能够保证公路路桥工程的顺利进行。路桥的存在一定程度上使得现有的资源获得了最大程度的优化配置，尽可能地缩减各地区间运输的距离，并且路桥工程建设对于我国交通网的建立而言可以说起到了良好的推动作用。为此，则需要我们注重公路路桥施工技术与质量控制问题，唯有如此，才能够使得我国社会经济的快速可持续发展打下良好的基础。

二、路桥的质量控制及施工技术的重要性

路桥施工技术与其质量控制是非常重要的，为减少公路桥梁维修成本打下坚实而有力的基础，对于行人的安全提供了重要保障，减少了桥梁断裂和路面崩塌这样的小概率危险

性事件的发生，社会对于桥梁质量的高度认可，还可以增加其施工企业在这一行业的名气与信誉度。公路桥梁不仅是在普通的道路上建筑，有些还要在恶劣的环境下施工，很多的施工过程中会遇到急速的河流、峡谷以及山川等艰难的环境，这些环境的影响也使施工更具难度。有关数据显示，在施工过程中遇到的大多数的施工项目具有区域性强，流动性大，耗费时间与材料等等难题。所以针对现在施工中的几个特点，制定以下几个管理内容以增强路桥施工的管理性：（1）控制的稳定性，对于路桥施工的整体结构必须具备较强的稳定性，稳定性的加强是公路与桥梁施工质量的基础。（2）桥梁的几何控制，从建筑的整体上看，在路桥的整个建筑结构当中，不管使用何种方法，总会出现建筑材料的弯曲与变形，引起这种结构变化的因素很多，所以这个问题是不可避免的，然而这些问题也在时刻影响着工程的整体架构与质量，所以施工单位应在几何控制的问题上更加重视。（3）对于桥梁的应力控制，企业应该考虑整个桥段的受力情况，这个问题的影响将是灾难性的，施工单位理应严格把控。（4）桥梁施工安全控制，安全是施工的第一要素，同时这也是整个施工过程中最重要的一个因素。所以为了避免可能出现的一些安全隐患及其可能产生的危险现象，必须确保施工的安全性，对施工过程的合理进行也要做出一些相应的措施，坚决避免一些可以预防的危险现象。

三、公路路桥施工技术及质量控制措施

（一）做好工程实际现状的分析与论证

制定科学合理的施工质量控制方案第一，对于施工质量控制问题主要侧重于对施工材料的控制与系统化管理。施工材料管理工作的有效开展可以为建设优质工程奠定良好的根基。在相同的时间当中要做好工程施工质量控制点的严格管理，其中，要严格约束工程施工技术人员、工程质量管理人员，确保最终施工质量控制点的整体控制成效，通过科学合理的施工质量控制分析与论证，才能够使得工程施工质量控制达到预期的控制目标。此外，要不断地完善公路路桥施工技术与工程质量控制体系，促进施工技术管理与质量控制的有序落实，公路路桥施工技术与质量控制系统需站在完善企业管理水平的层面做出综合性的浅析，根据本企业的现实技术水平和管理水平，制定合理的工程施工质量管理制度，通过针对性的分析与论证来更好地改善目前工程施工技术与质量控制中存在的一系列问题。

（二）完善企业施工技术及质量控制体系

实行科学化管理，提高当前公路路桥施工技术水平和路桥工程建设质量。唯有如此，才能够使得施工企业得到长足稳定的可持续发展，为企业创造出最大化的社会经济效益。这就需要施工企业制定科学合理的公路路桥施工管理目标，通过科学合理的方式来做好施工技术管理工作。要知道，做好施工技术管理和质量控制工作在很大程度上可使得工程质量得到强有力的基础保障，这才是公路路桥施工管理工作的重中之重。从公路路桥施工企

业的角度进行分析，明确施工技术管理目标的基础上，需认真地落实施工技术管理控制工作。路桥工程开工前期，需对工程的真实客观现状及施工合同的具体要求进行系统性的考核，设定合理的技术管理控制重点，工程施工作业中要按照施工技术控制要点来开展相应的工程管理与质量控制工作，在这一前提下，一定要保证能够定期完成工程施工技术管理目标和工作任务，科学高效地完成公路路桥工程的施工质量管理工作，以避免出现施工质量通病等方面的问题。

（三）不断完善公路路桥施工技术措施及质量控制体制

现代化施工企业要根据自身企业的发展状况、技术水平，最大限度上地来完善自身的路桥施工技术和质量控制规章机制，完善企业固有的生产管理流程，创建健全的企业基础性管理体系，认真做好具有针对性的工程施工技术与质量控制分析与论证工作，因有必要的工程施工技术与质量控制分析与论证在极大限度上与企业所承接的路桥工程施工项目是完全相吻合的，同时能够针对工程施工中固有的问题和不足之处做出科学合理性的调整。譬如：按照企业的施工技术力量薄弱的基本状况，急需做好施工技术人员、工程质量管理人员的专业定期培训工作。

我国正处在社会经济迅速发展的时代中，这样的背景下，交通事业也面临异常严峻的挑战。路桥的建设与更新的速度也在不断加快，施工建设过程中遇到的问题也是异常艰难的，这样的情况不可避免。新的时期新的问题，确保施工质量，保障人身安全，提高施工建设速度，是我国建设者们不可推卸的责任。

第五节　路桥工程现场施工管理难点

当前时代下人们的多元化的需求，使得对于路桥建筑行业的要求也越来越高，道路和桥梁建设的质量直接影响着人们的出行安全，因此建设企业和施工企业应进行联合，把提升道桥工程质量作为共同的目标。但是，现阶段，我国道桥工程在施工方面还存在诸多问题，管理方面存在诸多难点，这严重阻碍了道桥的顺利施工和完成，并且也在一定程度上降低了工程质量。因此，相关人员应结合实际情况，总结道桥工程现场施工的难点，并通过针对性措施解决难点，进而有效提升管理质量和工程质量。

一、路桥工程现场施工管理难点

（一）过渡段质量有待提升

在路桥工程中，常常需要过渡段连接几段工程，这些过渡段在路桥的各个部分分布着，属于路桥的重要组成部分，过渡段质量如何直接关系着整个路桥施工质量，尤其是在桥头地基、搭板、路基等几个方面。桥头地基质量不过关，会影响到整个桥梁的牢固性，甚至会出现下陷和晃动的情况，大大降低了桥梁的质量，并且给行车带来较大的危险。搭板，通常是建设在桥梁和道路的连接处，但是设计人员在实际设计时没有结合周围环境，以至于安装的搭板存在不合理的问题，给行车带来了较大的安全隐患。

（二）施工材料管理不够严格

部分施工企业在对施工材料进行购买时，过于注重控制成本，采用低廉的材料，没有考虑材料的质量，以至于出现了豆腐渣工程。并且，部分企业在采购环节中，相关人员不够细致认真，没有给予原料质量足够的重视，以至于原料质量出现了参差不齐的问题，如果质量较差的原料被应用到了工程的关键处，不仅会影响到工程质量，还会对后续的使用造成不良影响。

（三）技术管理难点

路桥工程现场管理中的技术管理难点，在该施工中涉及的技术种类非常多，若是对其不够了解，或是直接忽视了技术管理工作，便很容易造成技术上的失误，如选择的施工技术不符合施工实际情况，或是所应用的施工技术与设计图纸中的要求不同等。

（四）安全管理难点

安全管理难点体现于在施工现场管理过程中，影响安全的因素非常多，管理人员责任意识不强，以至于没有实施全面性的安全管理，存在着安全漏洞，未针对安全问题实施有效的宣传和培训工作，导致施工人员缺乏安全意识。

二、路桥工程现场施工管理的有效措施

（一）重视过渡段的施工质量

道桥工程施工过程中，由于过渡段施工质量无法满足当前基本要求，针对该情况，管理人员在管理过程中开展路基工程施工时，一定要加强对施工过程中的原材料质量进行控制。另外，必须严格把控过渡路段中的性能以及搭板质量，确保过渡段的安全性与平稳性。并且，管理人员在实际施工中，必须要充分掌握施工周边的地理性质以及环境，从而制定出最佳的过渡路段的施工方案，确保路基工程的质量以及过渡段的安全性。

（二）严格管理施工材料

现场进行原材料采购过程中，管理人员要严格把控材料质量，针对进场材料，需要进行检查，保证材料的合格，避免采购材料出现以次充好的情况发生，并且，要全面掌握材料生产厂家的资质，每批材料都要配有合格证，保证材料的质量。另外，材料进入现场后，施工单位还要考虑材料的放置与保存问题，避免一些特殊材料由于保存问题出现变质。施

工单位需制定完善的材料管理制度规范，指定专门的人员对现场材料、设备以及设施进行管理与保存。道桥工程竣工时，管理人员要清点现场剩余的机械设备与材料，确保设备的质量与数量。

（三）开展高效的技术管理工作

在路桥工程施工现场管理中技术管理是难点之一，需要根据施工现场的实际情况，来判断所选施工技术是否合适，并且要加强对施工人员的技术管理，督促其严格按照相关技术标准要求来实施技术工作。比如，在施工过程中，施工现场管理人员要对即将进行的施工工序有所了解，全面把控整个现场的施工情况，抓住施工过程中的要点，对照着设计图纸来进行审核，保障是按照设计图纸的要求来执行作业。可充分发挥施工人员的技术能力，予以配合，全面了解施工人员的技术水平，根据施工要求来挑选合适的施工技术人员来实施该项技术，保障施工质量，维护现场的施工安全。

（四）加强施工现场的安全管理

安全是施工中的第一位，一方面要确保施工材料质量合格，另一方面还要加强对施工人员安全的管理。首先，施工企业应加大安全知识宣传力度，将安全教育贯彻落实于施工人员身上，提高施工人员的安全意识，使其在施工过程中学会保护自己，决不违规操作；其次，要进行良好的安全技术培训工作，尤其是针对突发的紧急状况，应当教授施工人员应对的方法，以规避安全事故，降低安全风险；施工企业还应当定期对现场施工设备进行检查和维护，确保施工设备的正常运行，避免设备发生故障而造成安全威胁。

（五）建立健全管理机制体系，加大监管工作力度

加大对路桥工程质量管理的监管力度，来保障日后工程的管理质量水平。在今后的工作中，首先要健全相应的责任制度，将整个管理工作与安全控制工作落实到每一个管理工作人员以及管理环节当中，使得每个工作人员清晰自己的工作责任。其次，也可以通过建立绩效考核制度的形式，来将管理工作的具体落实情况与工作人员的工资进行相应的挂钩，这样对激发工作人员对工作负责的积极性有一定的提升作用。

（六）加强路桥工程试验检测

路桥工程试验检测包括施工材料检测和施工质量试验检测在检测施工材料时，主要需要检测施工的土方、石料、钢材、水泥等原材料、半成品材料和成品材料，务必保证所有的施工材料的质量和参数都符合标准规范要求。材料的检测工作主要分为进入施工场地之前的检测和进入施工场地后的检测，只有通过了这两个步骤的检测才能够投入工程的施工当中。施工质量的试验和检测，就是需要强化对施工质量的检查和测试，从而保证施工质量满足要求。在开展施工试验检测的过程中，要严格按照道路工程试验检测的具体要求和规定执行。对施工的全过程开展质量监管，有利于及时的发现问题和解决问题，确保施工

的质量。

在实际现场施工过程中，相关人员应从各个方面入手，对影响现场施工管理质量的因素进行科学合理分析，与此同时相关人员应对施工难点进行准确掌控，对施工人员的行为操作进行规范，进而保证其可以严格根据施工流程和方案施工，从根本上提升工程质量。

第六节　路桥施工成本管理与成本控制

路桥施工项目是一项烦琐且涉及范围较广的工程，其需要极高的专业性和多部门的配合。在路桥施工项目中，不仅涉及技术材料问题，更涉及质量安全的问题，这关系到每个人的切身利益。所以路桥施工中质量与成本问题一直是人们关注的重点。论文分析了路桥施工项目成本管理与控制的必要性，探究路桥施工项目成本管理与控制存在的主要问题，提出了加强路桥施工项目成本管理的有效对策。

随着社会的发展和经济水平的提高，人们的生活方式也发生了翻天覆地的变化。从交通方面来说，从前人们多以自行车代步，现在私家车的数量逐渐增加，汽车成为人们主要的代步工具。这一现状也带来一系列实际问题，如交通运输压力增加。因此，建桥建路成为解决问题的有效方法。路桥施工项目关系到每个人的切身利益，路桥施工中的质量与成本问题一直是人们关注的焦点。路桥施工成本管理与成本控制要秉持科学的态度，遵循实事求是的原则，只有从企业自身的需求出发，才能节约成本提高效率，为人们创造更好的交通环境。

一、路桥施工成本管理与成本控制的必要性

路桥工程之所以一直广受社会各界的关注，就是因为其承担着交通运输的重责，是一个国家经济发展、人们正常生活的重要保障。路桥施工项目是国家关注的重点，政府在这一方面加大投入。在广阔的市场环境中，企业之间的竞争也尤为激烈，要想在市场中处于有利地位，对于企业来说路桥施工的成本管理与成本控制尤为重要，这是提高企业核心竞争力的重要条件。企业想要获取一定的经济效益和社会效益，就必须对路桥工程的质量加以严格把控。因此，对路桥施工进行成本控制意义非凡。只有控制好路桥施工的成本，才能够保证路桥的经济效益最大化，进而促进路桥企业长效发展。

二、路桥施工成本管理与成本控制存在的主要问题

在路桥施工中会面临许多实际问题，因为其本身就是一项复杂、涉及范围较广的工程，需要极高的专业性技能和多部门的协调和配合。对于企业来说，路桥施工的成本管理与成本控制更是重中之重，正因为这些困难和挑战，在路桥施工问题上，现今还存在着许多实

际问题和不足之处，直面问题、分析原因才能更好地提出解决方案，才能为项目落地提供保障，进而推动企业健康发展。

（一）成本管理与成本控制意识薄弱

无论何种项目，造成成本管理与控制不合理的最基本原因都是成本管理与成本控制意识薄弱。在路桥项目实施落地过程中，项目负责人由于对技术材料了解不到位等原因造成成本管理和控制意识薄弱，在上达下传过程中，项目各部门的员工受其影响也会有意识薄弱的问题。在日常设计和用料中，就会出现不合理或者浪费的现象，员工没有成本控制意识，不会在细节处考虑节约的问题。虽然预算和成本管理主要是由财务部门来计算和制定，但在项目落实中，成本管理是需要各部门来配合完成的。负责人对项目进行整体把控，有了成本管理和控制的意识之后，才能影响员工，增强员工的节约意识，这样才能真正做到节约成本。

（二）成本管理与成本控制方式落后

时代在进步经济在发展，企业的管理方式也应该紧跟时代的步伐。很多企业都还存在着项目成本管理与成本控制方式落后的情况，仍使用过去的管理方式，对项目成本管理与控制的整体规划不够合理，只考虑到内部因素，对外部因素的了解不透彻，致使监管工作不到位，带来一定的局限性。不能顺应时代的发展，未制定适合企业的成本管理与控制方式，使企业落后于行业内其他企业，最终被市场淘汰。

（三）成本管理与成本控制体系不健全

路桥施工项目是一项复杂的工作，其涵盖的内容十分广泛，因此，在路桥施工项目中，成本管理与成本控制体系发挥着至关重要的作用。然而，当前很多企业的成本管理与成本控制体系不健全，未根据企业的实际情况、客观的市场环境以及政府的政策导向制定成本管理与成本控制制度。

三、加强路桥施工成本管理与成本控制的有效策略

路桥施工项目中成本管理与成本控制存在许多现实问题，包括项目成本管理与控制意识薄弱、管理方式落后、体系不健全等问题，这是妨碍项目落地、影响企业发展的问题。对于企业来说，需要从自身需求出发，立足根本，在保障路桥施工项目质量的前提下，制定科学有效的策略，做好成本管理与控制，增强成本管理与成本控制意识，强化项目施工技术管理，加强对施工材料和设备的管理，建立健全的成本管理与成本控制体系，从而提高企业在市场中的竞争力，使企业向着健康的方向发展。

（一）增强成本管理与成本控制意识

要想做好路桥施工项目的成本管理就必须增强成本管理与控制意识，项目负责人需要

跟上时代的步伐，有超强的成本管理意识，放眼内、外部因素，对内做好员工的培训与监督，在日常设计和用料中，杜绝浪费的现象，培养员工的成本控制意识，在细节处做到节俭有度。对外学习先进的成本管理理念与经验，顺应时代的发展，制定适合企业的成本管理与控制方式。帮助员工树立成本管理与成本控制意识，让员工了解成本管理的重要性。

（二）强化项目施工技术管理

施工技术的好坏决定路桥施工质量的好坏，质量是路桥施工的最基本要求，关系着所有人的生命健康问题，成本的管理与控制也是要在保障质量的前提下进行的。施工技术差，工作效率低，材料损耗加大，成本花费大；施工技术好，项目质量有保障，在成本方面，能更合理科学地制定方案、利用材料，这也是控制成本的有效方法。因此，强化项目施工技术管理，对施工组织进行合理设计，合理控制成本消耗，提高工作效率，是最有效的成本管理与控制方法。

（三）加强对施工材料和设备的管理

路桥施工的成本管理与控制中除了管理意识的培养、施工技术的加强，另一个着力点就是对施工材料和设备的管理。在施工中，材料和设备的损耗是加大成本的一个重要原因。例如，一位员工缺乏成本管理意识，对材料、设备的了解程度不够，在施工作业中，常常出现选材不当或者设备操作不当的现象，这些原因导致材料和设备的浪费，加大了损耗，积少成多，大大增加了企业成本的投入。如果能够加强对施工材料和设备的管理，那么在某种程度上会减少消耗，从而降低成本。对于企业来说，这是成本合理管理、提升竞争力的有效保障；对于社会来说，这是节约资源的重要表现。

（四）建立健全的成本管理与成本控制体系

在路桥施工中想要进行成本的有效管理和控制，就必须建立健全的项目成本管理体系，以项目负责人为核心，合理规划各部门的职责与工作范围，做到分配合理，人尽其才物尽其用，以规范化、科学化为重要依据，使各部门在做好本职工作的基础上配合其他部门完成工作。建立一个健全的项目成本管理体系，资源才能有效利用起来，真正做到节约成本，推动项目更快更好的发展。

随着经济的发展，交通运输的压力持续增加，路桥施工成为各界关注的焦点。需求增加，市场竞争就会加剧，企业要想立足于市场，在成本管理与控制上就要加大力度。对于企业来说，积极发现各项工作中的不足之处，围绕企业自身的实际情况，最大限度地保障路桥项目的施工质量，制定科学有效的策略和发展目标，做好成本管理与成本控制的相关工作，从而有效提高企业在市场中的竞争力，推动企业持续健康发展。

第七节 市政路桥工程施工综合管理

在城市建设水平日益提高的背景下，市政路桥工程施工也受到人们高度重视。这就要对市政路桥工程施工开展综合管理，提升市政路桥工程综合管理水平，以推进市政路桥工程施工良性地开展。文章针对市政路桥工程展开研究分析，首先概述市政路桥工程施工综合管理问题，然后阐述市政路桥工程施工综合管理策略。要及时处理市政路桥工程施工综合管理缺陷，确保路桥工程施工符合市政综合建设要求。

综合管理在市政路桥工程施工中有着重要作用，不仅可以保证市政路桥工程施工质量和安全效果，还可以保障市政路桥工程整体经济效益。但是有关部门在对市政路桥工程施工开展综合管理时很容易因为外在因素干扰而出现问题，直接影响市政路桥工程施工质量和有关单位经济效益。因此有关部门应对市政路桥工程施工综合管理策略有所了解，灵活应用各项策略解决市政路桥工程施工综合管理问题，以此提高市政路桥工程施工综合管理水平。

一、市政路桥工程施工综合管理问题

（一）施工成本管理问题

为保障市政路桥工程整体经济效益，必须要求有关部门在市政路桥工程施工过程中开展成本管理，严防市政路桥工程各个施工环节出现资金过度消耗和成本超预算等问题，使得市政路桥工程施工成本管理效果得以提高。但是多数管理人员对市政路桥工程经济内涵不够重视，没有按照规定程序对市政路桥工程施工开展成本管理，这就导致市政路桥工程施工成本超预算问题层出不穷，严重影响市政路桥工程施工效果和相关单位整体经济效益。而且有关部门在对市政路桥工程开展施工成本管理时没有考虑各项数据信息的真实性和完善性，市政路桥工程施工管理问题频发，很难满足工程项目综合管理要求。

（二）施工进度管理问题

在市政路桥工程施工前期，有关部门会按照工程项目整体规模和城市建设要求确定完工时间，并要求有关部门按照计划要求开展工程建设，促使市政路桥工程在规定时间内完工，以此彰显市政路桥工程施工进度管理内涵。但是有关部门制定的市政路桥工程施工进度管理流程和各项规章条例尚不合理，导致有关部门在开展市政路桥工程施工进度管理时经常因为外在因素干扰而出现问题，工程项目很难在规定时间内完成相应施工，市政路桥工程施工管理及进度规划出现问题的概率大大提升。

（三）施工质量管理问题

有关部门在开展市政路桥工程施工之前没有按照各项基础要求规划施工质量保障体系，导致市政路桥工程施工缺乏有力支持，造成市政路桥工程施工质量问题层出不穷，工程项目建设力度也难以满足城市建设和当地交通运输行业发展要求。此外，应用于市政路桥工程施工中的材料物资和仪器设备还存在一些问题，直接影响各类材料物资和仪器设备在市政路桥工程施工中的作用。造成市政路桥工程施工管理水平下降，市政路桥工程施工质量难以得到有效保障。

（四）施工安全管理问题

从城市建设角度出发，对市政路桥工程开展施工安全管理，不仅可以保障工程项目质量与安全，还能为施工人员的人身安全提供有力保障。但是，市政路桥工程施工单位没有按照施工人员心理要求及其他基础因素规划安全管理模式，无形中加大市政路桥工程施工安全管理难度，导致有关部门在开展施工安全管理时经常出现问题。加上施工人员与管理人员之间互动交流力度薄弱，相关人员对于安全管理要求不够了解，市政路桥工程施工安全管理难以落实。

二、市政路桥工程施工综合管理策略

（一）施工成本管理策略

在对市政路桥工程施工开展成本管理前期，应要求相关人员按照市政路桥工程施工要求及具体表现规划合理成本管理方案，同时加强有关部门对工程项目预算审核力度，避免市政路桥工程施工成本超出前期预算，确保市政路桥工程施工成本管理控制水平和相关工程整体经济效益有所提升。而且，按照各项要求对市政路桥工程开展施工成本管理时，还应要求相关人员制定成本管理控制体系，并在相关体系支持下对市政路桥工程进行成本管理。而且，在对市政路桥工程施工成本开展各项管理工作时，还应保证各项基础数据信息的合理性和准确性，并在考虑市政路桥工程各个施工环节资金消耗量条件下开展工程项目成本管理，尽可能地减少市政路桥工程施工过程中资金消耗量，使得市政路桥工程施工成本管理问题得到有效改善。同时，应要求有关部门管理人员对市政路桥工程实施概算、预算和核算结果进行对比分析，明确市政路桥工程施工成本与前期预算偏差原因，并在考虑各项问题诱因条件下规划纠偏措施，强化施工成本控制力度。逐步提升市政路桥工程施工成本管理效果，确保市政路桥工程施工成本管理可以满足该项工程项目现实经济效益要求。

（二）施工进度管理策略

对于市政路桥工程施工进度管理来说，通过管理不仅可以控制外在因素对市政路桥工程施工效果产生的影响，还可以保证市政路桥工程在计划时间内完工，使得市政路桥工程施工效率得以提高。但是，在开展市政路桥工程施工时经常会因为施工程序不合理和施工材料供给不及时而出现工程项目施工周期延长问题。基于此，有关部门应按照工程项目施工规模制订施工进度计划，严防工程项目施工出现超出施工进度计划的问题。而且，在对市政路桥工程进行施工进度管理时，应要求相关人员做好进度监测和施工程序规划等工作，促使施工人员按照标准化程序开展市政路桥工程施工，保证市政路桥工程各个施工环节之间衔接性，避免市政路桥工程施工超出计划周期。对于市政路桥工程施工进度管理中各项问题来说，必须要求有关部门及时处理市政路桥工程进度管理问题，确保有关部门可以按照相关进度要求顺利开展市政路桥工程施工。

（三）施工质量管理策略

任何工程项目在开展建设施工时都需要保证质量，市政路桥工程施工也是一样的。这就应要求有关部门对市政路桥工程开展施工质量管理，确保市政路桥工程施工质量符合城市综合建设具体要求。而且，在开展市政路桥工程施工质量管理之前，应要求有关部门结合市政路桥工程实际情况构建完善可靠的质量保障体系，促使有关部门按照相关体系具体要求开展市政路桥工程施工质量管理，保证市政路桥工程施工质量管理可靠性和具体作用，避免市政路桥工程施工出现质量问题。除此之外，应要求有关部门加强市政路桥工程施工材料和仪器设备管理力度，严格遵循市政路桥工程具体施工要求采购材料物资，有效控制市政路桥工程施工因材料而出现质量问题，保障市政路桥工程质量安全，满足施工质量管理具体要求。对于市政路桥工程施工中各类仪器设备来说，必须加强各类施工设备检修力度，严防各类设备在具体应用过程中出现故障。优化市政路桥工程施工质量，使得市政路桥工程施工质量管理效果得以彰显。

（四）施工安全管理策略

对于市政路桥工程来说，在开展施工时还潜藏一定的安全风险，如果不能有效地处理各项安全风险，必然导致市政路桥工程施工过程中出现安全问题，对于市政路桥工程建设水平和施工人员自身安全产生很大的影响。基于此，就应按照市政路桥工程综合建设要求对其开展安全管理，同时保证市政路桥工程施工安全管理全面性和现实作用，继而强化市政路桥工程在城市综合建设中的地位。对于市政路桥工程施工安全管理来说，其主要表现在市政路桥工程安全功能和施工自身安全保障两个方面上。对于市政路桥工程安全功能来说，必须要求有关部门应用安全水平高的材料开展市政路桥工程施工，控制市政路桥在正常使用过程中出现坍塌和开裂等问题，保障人们日常出行安全性，确保市政路桥工程安全效果得以彰显。对于施工人员的安全保障来说，应要求相关人员应用安全手段开展相应施工。必要时，还可以通过宣传手段提高施工人员自身安全意识，要求相关人员在安全防护到位的条件下开展相应施工，严格控制施工人员自身安全遭受外在因素干扰，确保施工安全管理水平上升到一定高度。

为强化市政路桥工程综合施工效果，必须加强相应施工管理力度。优化市政路桥工程施工程序，确保市政路桥工程施工优势得以彰显。对于市政路桥工程施工综合管理问题来说，必须要求有关部门结合施工要求优化综合管理策略。及时解决市政路桥工程施工综合管理问题，以此彰显市政路桥工程施工综合管理优势。本节通过介绍市政路桥工程施工综合管理策略，确保市政路桥工程施工综合管理问题得以改善。

第八节 路桥工程施工技术及安全管理

目前，公路工程建设发展较为迅速，行业并没有十分严格的准入制度，这就导致越来越多的队伍加入公路施工中，增加了公路施工建设市场的竞争压力。企业要想保证竞争优势，就要不断提高自身技术水平，同时，加强安全管理，降低安全事故带来的损失，将自身综合水平提升，推动路桥交通工程的进一步发展。

一、路桥施工技术

（一）过渡段落及路面施工技术

路面受损是当前路桥工程实际运营中常见的问题，这和没有高效处理好路面桥面过渡段有着直接关系。为了降低发生过渡段路面损伤问题，应当加强过渡段施工技术优化，提升压实效果，合理选用压实设备，将压实度提升。此外，应当合理设置搭板，从而将发生跳车、沉降不均匀的问题降低。在搭板设置过程中，需要对整个桥面的实际运行情况进行充分考虑，确保严格按照设计要求开展路面高度控制，对影响施工的诸多因素加强分析，从而合理调整和优化施工方案。为了排水便捷、行车安全，需要在路桥施工中设置一定的坡度，但是，如果设计较大坡度很可能在施工或者运营过程中出现较大问题，为此，可以采用沥青将坡度环节，但是，施工中要严格按照相关参数开展施工作业。

（二）钢纤维混凝土施工技术

多种因素会影响钢纤维混凝土施工技术，需要工作人员对混凝土配合比进行严格控制，并且采用专门的运输车辆运送，浇筑过程中尽量连续浇筑，完成后，需要加强温湿度监测，并且做好为期至少14天的养护工作。在彻底完成混凝土施工养护后，还要用专业监测设备对其质量进行检验。

（三）桥梁伸缩缝施工技术

充分做好准备工作后，需要将伸缩缝的安装位置进行仔细地查看，确保位置平整整洁，同时，需要分析桥面的具体情况，就切缝宽度进行严格地计算，避免扩大切缝宽度影响桥面整体性，要保证桥面板的整平处理，最终得到平整度数据，确定其能够达到设计标准规范，将施工发生安全风险的概率降低。当严格按照要求完成桥面板平整度控制后技术人员应当将伸缩缝装置安装到设计图纸中规定的位置。工作人员要采用专门的精准的仪器进行切割，比如，切割机。安装完成伸缩缝后工作人员需要对伸缩倾斜、弯曲度进行检查，确定其指标是否符合各项标准要求，在确认无误后，焊接好钢筋。此外，应当根据环境具体情况适当调节伸缩缝，从而更加精准地完成钢筋焊接工作。工作人员需要严格控制伸缩缝装置误差，同时，不得超过 2cm，并且要确保伸缩缝中心保持和梁端中心线一致。将伸缩缝装置放在槽口，将其稍微向上调标高，从而达到加固的效果，在所有工作完成后，进行质量检查，确认无误后焊接牢固。焊接时，要保证对称焊接，在一个固定位置上充分固定伸缩缝装置。同时，要通过二次测量确定标高是否达标，对伸缩装置偏差进行确定，检测质量情况，确认无误后焊接固定。

（四）路面排水技术

在路基开挖前，首先要将原地表杂物清除干净，排水沟和截水沟严格按照设计图纸位置和尺寸挖掘。工作人员要严格检查施工场地周围建筑物和相关项目，避免发生安全事故，威胁到周围人民群众和施工人员的安全。截水沟、边沟急流槽等排水设施的利用应当以实际情况进行合理选择，加强勘察施工地表水情况，如果存在较大的渗水面积，那么地表水需要通过抽水泵等方式排出。

二、路桥施工安全管理

（一）安全管理的要求

安全管理是当前任何工程项目的首要工作内容，需要严格管理路桥工程各项操作，从而保证有条不紊地完成路桥建设。路桥工程安全管理制度的建设需要充分尊重工程具体特点，同时，制定配套的奖惩措施，实现高标准、高水平地开展安全管理工作。需要将安全管理工作的具体内容仔细地安排清楚，保证每个员工都明确自身工作职责，确保后续更加高效地开展安全管理工作。

（二）安全管理的特征

（1）复杂性是路桥工程安全管理最重要的特点之一。路桥工程有着较为广泛的对象，所以也有着十分宽泛的安全管理工作内容。近年来，我国路桥功能性不断增多，质量标准不断提高，这也从很大程度增加安全管理难度。路桥工程都是露天完成，所以安全管理也会受到外界环境诸多因素影响。（2）困难性是安全管理工作另一特点。路桥工程工作地点往往不稳定，很多工程需要跨越多个区域，而不同地区经济发展水平、社会人文条件等都存在较大差异，需要加强调整相关管理措施才能确保施工安全。

三、路桥施工安全管理措施

(一)制定并完善要素管理

人员和物质是路桥安全管理中最重要的内容。施工单位需要在制定管理制度过程中加强分析各个要素,并且将所有工作人员职责权限进行明确的划分。此外,工作人员可以通过定期或者不定期考察的方式确定安全管理水平,不断反思考察过程中并且相关问题,加强讨论分析相关问题,并且提出合理的应对方案,落实处理办法,对整改效果进行跟踪检查。此外,企业应当不断改进创新原有安全施工管理体系,紧跟路桥工程发展脚步,提高安全管理体系可行性和科学性,保证顺利开展路桥施工安全管理工作。例如,在开展机械设备管理中,不能完全按照原有管理方式仅仅单纯地进行设备定期维修,而是需要明确路桥施工质量和机械设备之间的关系,提高对设备参数、维护要求等注意事项重视度,保证使用时间、操作方式、维护计划合理科学,并且检查维护工作需要由专门人员负责。有的机械设备经常出现故障,或者已经被市场淘汰,无法适应现代路桥工程施工形式,那么,可以按照一定计划进行回收处理,合理处置机械设备,避免困扰现场施工,避免威胁工作人员人身安全。在开展物料管理过程中,首先,采购人员需要对施工现场实际需要进行明确,根据施工进度做好采购计划制定,加强市场调研,做好施工材料质量控制。库房管理人员不但要做好材料分类保管,还要根据施工具体情况做好材料流向、仓储量的管控,量化监控施工现场材料,及时回收剩余材料,为现场管理创造有利条件。

(二)加强施工方管理团队建设

(1)首先,需要加强培训,提高基层领导团队整体管理水平,积极创新施工管理模式,积极创新施工管理理念方法,才能够为施工效率提升、施工安全优化提供指导。还要提高基层领导团队思想意识,加强监督管理领导作风,采用科学的方式激发管理人员工作热情,不断优化团队凝聚力,将企业人力资源管理、企业文化等价值充分发挥出来。

(2)加强培训各级管理人员和技术人员,提高相关人员整体素质,将管理人员和技术人员知识水平提升,为施工人员和管理人员提供再学习渠道,保证工作人员可以利用培训机会拓宽自身知识面和专业技能,将整个企业团队个人业务素质强化。

(3)将安全教育工作充分落实到一线施工作业人员中,技术交底要详细认真,保证安全生产原则和制度能够充分落实到施工过程中,严格监督管控施工操作行为,保证严格遵守规范流程,避免发生安全事故问题。

(三)加大对各个阶段监督与管理力度

严格落实质量监督管理工作,对现阶段路桥工程实现安全管理目标有着十分重要的意义。把路桥工程涉及的各个环节落实到各个施工阶段中,通过对各个施工阶段的细化管理减少安全事故的发生。在制定评估方案前,结合项目施工要求对项目所使用的施工技术、施工工艺、管理办法以及其他经济因素进行分析，通过综合评估确保制定的方案与实际施工需求相匹配，这样前期工作准备完毕后，工程项目的施工进度就有了保障，工程建设成本也就得到了有效的控制。最后，对工程施工涉及的法律法规进行完善，让行政执法部门和路桥工程项目在开展安全管理时做到有法可依，为路桥工程建设质量提供重要的法律保障。

（四）完善现场中安全管理制度

在路桥工程施工中，完善的安全管理制度是确保路桥工程各个阶段与环节能够顺利实施的重要保证。企业只有重视安全管理，通过建立完善的安全管理制度，明确责任划分，施工人员的安全意识才能得到有效的提升，企业施工现场出现安全事故后，才不会发生相互扯皮的问题。另外，还要严格落实安全管理培训工作，做好对施工人员的安全教育和对安全知识的掌握能力，使其在发现安全隐患后能够在第一时间内有效排除，避免更大安全事故的发生。

目前，我国市场经济愈加成熟，企业竞争日趋激烈。路桥工程作为我国重要的基础性国民经济产业，已取得了显著的成绩。但在施工中仍会出现各类问题，为此，必须重视施工技术及安全管理，掌握施工技术要点，采取切实可行的措施，全面提升施工安全管理水平，推进我国公路桥梁建设事业持续、健康发展。

第九节 路桥施工企业财务管理

以路桥施工企业财务管理现状为切入点展开具体分析，并以此为依据，提出更新财务管理观念，强化财务管理工作力度；完善财务管理制度，严格管控施工成本；运用网络信息技术，构建财务信息数据管理体系；优化财务内部控制结构，提升企业经济发展效益等几方面重要策略。

路桥施工企业是社会主义现代化建设的主体，为了能够保障路桥施工企业更好地顺应经济发展趋势，其运用多元化大策略提升财务管理效率。财务管理工作人员在日常工作期间承担着重要责任，其能够正确开展财务管理工作，对于路桥施工企业能否实现提升经济效益目标具有直接影响。本节概括并分析路桥施工企业财务管理现状，对如何有效提升财务管理效率进行全面探讨。

一、路桥施工企业财务管理现状

组织结构与工作职能划分不明确：路桥施工企业并没有将主要精力放在开展财务管理工作上，在组织结构与财务工作人员的管理职能划分方面不够明确。目前路桥施工企业的施工状况呈现出"金字塔"的工作形态，财务管理工作效率较低，组织结构缺乏创新性，财务管理总监并掌握实质性的监管权限等问题比较显著。

财务管理与监管机制落后：路桥施工企业缺乏完善性、先进性的财务管理机制，导致财务管理人员在实际工作期间，无法及时准确地开展财务信息整合与管控工作；路桥施工企业无法为财务管理人员提供科学性的财务管理依据，无法提升财务管理效率。

财务内部监管控制力量比较薄弱：路桥施工企业没有紧跟信息化、网络化发展趋势，实际开展财务内部监管控制工作期间缺乏力度，没有将网络信息技术与财务监管工作相关信息数据进行融合。路桥施工企业过于注重事后监管工作，忽视了事前与事中控制工作。路桥施工企业没有在实际施工前运用信息技术做好事前预算工作，就会产生财务管理风险，其对企业的施工成本、施工利润缺乏实质性的预算与管控作用。

财务预算体系缺乏完善性：路桥施工企业在实际施工期间，并没有充分考虑施工项目的成本问题，及时在签订劳动合同期间，其也没有对各项施工项目的经济成本进行详细预算，而是直接将施工项目移交到路桥施工项目部进行管控。一些路桥施工企业没有对施工材料、施工人员、施工机械购置的具体费用进行预算，这样就会导致路桥施工项目实际资金消耗状况，超过预期估算，就会使路桥施工企业产生财务风险。

二、提高路桥施工企业财务管理效率的重要策略

更新财务管理观念，强化财务管理工作力度：更新财务管理观念，是明确路桥施工企业财务管理工作目标的基础条件。在经济发展水平不断提升、经济发展趋势复杂多变背景的影响下，对路桥施工企业的财务管理工作提出了更加严格的要求；无论是在财务管理目标方面，还是在财务管理人员的工作行为方面都要进行创新改变。路桥施工企业与发达国家的相关企业进行合作交流，探讨并借鉴成功的财务管理观念，在提升开展该项工作重视度的基础上，对自身经营方式进行总结和创新，结合市场发展环境分析，为企业提供科学有效的财务管理指导依据。

完善财务管理制度，严格管控施工成本：构建完善的财务管理制度，是路桥施工企业正确开展内部财务管理工作的基础性内容。路桥施工企业以自身的财务管理现状为基础，不断优化并调整财务管理制度，如：细化财务内容部责任制，将各项财务管理工作职责落实到每一个工作岗位上，大到路桥施工项目、小到工程物资等。通过实行责任制的方式创新财务管理模式，严格管控每一项施工材料成本、施工人员成本，提升财务管控有效性。此外，路桥施工单位注重开展施工工程的项目预算工作，对每一个施工环节进行全面预算。尤其是在引进并运用大型施工机械设备期间，最重要的就是要进行市场调研活动，对市场发展趋势做详细了解，保证以合理的价格租赁或购买相关设备，在降低施工成本的同时，全面提升路桥施工企业建设的经济效益。

运用网络信息技术，构建财务信息数据管理体系：落后的财务管理体系已经无法适应财务管理发展趋势，路桥施工财务管理人员充分运用网络信息技术，通过构建财务信息数

据管理体系的方式，保证路桥施工企业各个部门有效交流信息，为后续路桥施工企业管理层人员做出正确决策奠定基础。在实际构建财务信息数据管理体系期间，需要大量的信息技术人员参与其中，会运用到大量的机械设备等相关的信息数据，路桥施工企业通过网络技术，准确收集具有使用价值的信息数据，在保证信息数据真实性、准确性的基础上，对财务管理工作中的信息数据系统进行统一管控。

优化财务内部控制结构，提升企业经济发展效益：在复杂多变的经济发展环境下，路桥施工企业为了能够稳定发展，就要不断优化财务内部控制结构，在及时准确落实每一项财务管控工作的基础上，为路桥施工企业健康安全运行提供良好环境。比方说：路桥施工企业对内部专业的审计人员进行实时监管，要求内部财务管控人员对路桥施工企业的整体发展方向做出明确规划，对每一项财务内部进行详细核算和分析，提出科学整改建议，最大程度上降低施工成本。财务管控人员使路桥施工整体工作向信息化方向转变，节省相应的人力资源，帮助其实现利益最大化的发展目标。

我国整体经济发展形式不断变化，财务管理工作效率的提升，对于路桥施工企业的发展具有重要意义。目前，路桥施工企业在实际开展财务管理工作期间存在一些问题。路桥施工企业运用多种方式，转变管理方式、创新管理模式，运用科学技术不断优化管理结构等，保证自身财务管理工作能够与时俱进，实现全面提升经济发展效益的目标。

第六章 路桥建设及养护管理

第一节 路桥施工管理创新技术

路桥工程指针对公路设施和桥梁设施组织开展的勘察设计工作、施工过程性管理工作以及日常养护工作。施工管理工作的综合性组织开展水平，对我国路桥工程建设事业的综合性质量效能获取状态具备深刻影响。文章围绕路桥施工管理过程的创新管理问题，择取两个具体方面展开了分析和论述。

路桥工程施工管理工作是具备系统化和复杂化特征的管理工作实践过程，其具体的任务组成内容不仅包含对施工计划的管理工作，而且还同时包含施工进度管理和施工材料管理等多个具体方面，在一定程度上确保了施工管理工作能够贯穿和覆盖路桥工程施工活动的完整性组织开展过程。在路桥工程项目施工作业过程的具体化组织开展过程中，高效系统科学的施工管理工作的组织开展，是确保路桥工作施工活动顺畅有序组织开展和获取到最佳预期效果的基本前提条件，而针对实际组织开展的路桥管理工作，展开基于指导思想和实践策略领域的创新改革优化，对于切实改善提升我国路桥施工管理工作的质量水平具有重要意义。有鉴于此，本书将会围绕路桥施工管理过程的创新管理展开简要阐释。

一、路桥工程的概念界定和路桥施工管理工作的基本特点

（一）路桥工程的概念界定

所谓路桥工程，指的是针对公路设施和桥梁设施组织开展的勘察设计工作、施工过程性管理工作以及日常养护工作过程，其具体涉及的任务项目，同时包含路基建设工程、路面建设工程、路桥防护工程、路桥绿化工程以及交通工程等具体化任务项目。

从整体性角度展开分析，路桥工程项目本身包含广泛的具体内容，并且通常包含一定数量的路桥相关性施工作业任务项目。路桥工程施工管理工作是具体组织开展路桥工程建设工作过程中的关键环节，其具体的组织开展质量不仅深刻影响路桥工程项目的施工建设水平，同时还深刻影响路桥工程项目在实际建设成型之后的使用功能表现状态以及实际使用者的生命财产安全水平。从这一基本角度展开阐释，在实际组织开展路桥工程施工活动

过程中，必须科学系统地组织开展基础性的施工管理工作，从而有效改善提升施工作业过程中的整体性质量控制水平。

（二）路桥工程项目施工管理工作的基本特点

1. 复杂性

在现有的施工作业活动组织开展过程中，路桥工程施工产品在种类和表现特征层面的多样性特点，导致实际组织开展的路桥工程施工管理工作，本身具备表现特征极其鲜明的复杂性：第一，不同路桥工程施工产品在表现类型层面的差异，诱导了各种类型路桥工程施工产品在使用功能层面存在显著差异；第二，在路桥工程施工产品表现类型完全相同条件下或者是在不同类型路桥工程施工产品具备相同使用功能条件下，施工作业活动现场在综合性技术环境条件方面展现的差异，通常会导致不同项目实际施工作业过程中具体面对的技术难度明显不同。

从如上所述的两个具体方面可以知道，路桥工程项目的施工作业管理工作本身具备着表现鲜明的复杂性。

2. 流动性

在现有的工程施工技术发展背景之下，路桥工程施工活动本身具备较高表现水平的流动性，给实际组织开展的路桥工程项目施工管理工作造成了较大难度。

路桥施工企业与其他多种类型的建设施工企业之间，本身在基础性业务项目表现类型和组织实施路径层面存在着表现显著的相互差异特征，因而导致路桥工程施工项目的施工管理工作人员，通常需要在较短时间之内在多个不同的具体项目之间进行流动或者是同时承担处在多个不同空间区域中工程施工项目的管理工作任务，从这一研究切入角度具体展开分析，路桥工程项目的施工管理工作本身表现出较为鲜明的流动性特点，导致实际组织开展的施工管理工作，难以顺利获取到充分的稳定性和系统性，给我国路桥工程施工项目的综合性质量指标获取水平造成了显著的不良影响。

3. 计划管理性

现有的施工技术发展实践背景之下，路桥工程施工项目本身都具备较大的空间体积表现特征，因而在实际施工作业过程中通常会在露天作业条件下，真切地面对一系列表现状态极其恶劣的施工作业技术环境，导致实际工程施工技术作业活动的组织开展过程中，必须严格遵照施工作业活动过程中实际面对自然环境限制条件以及施工作业现场实际具备技术支持条件，动态调整施工作业活动过程中的项目任务计划和施工进度控制计划，并且在基于施工计划组织实施施工作业环节管理工作过程中，确保我国路桥工程施工作业活动，能够顺利获取到最佳预期效果。

二、路桥工程施工管理过程中的创新管理实践思路

(一)切实建构和完善指向路桥工程施工活动的质量保障体系

1. 切实建构形成路桥工程项目的施工质量监理制度体系

路桥工程项目施工企业在具体组织开展工程项目的施工作业过程中,应当逐步建构和完善指向工程项目具体施工作业过程的施工质量监理工作制度,确保在实际组织开展的路桥工程项目施工质量监理工作的具体实施过程中,能够具备较为充分的科学性和系统性。在具体运用工程施工质量监理制度组织开展路桥工程项目的施工质量管理工作实践过程中,应当督导相关质量监理工作人员,结合具体项目在施工作业活动过程中,实际具备的质量表现状态,及时恰当行使施工质量否定权,确保我国实际建设形成的路桥工程施工成果,能够稳定具备最佳的质量表现状态。

2. 切实建构和运行工地试验室

工地试验室的建设和基础业务活动的组织开展水平,能够深刻影响我国路桥工程项目施工活动的综合性质量活动状态,同时还能在工程施工活动的具体组织开展过程中,针对基础性质量指标发挥一定表现程度的控制作用。鉴于工地试验室在路桥工程项目的施工作业过程中,同时承担着施工进度控制和施工质量控制的双重功能,是确保工程施工活动顺利获取最佳预期施工质量控制效果的重要前提条件,因此在实际组织开展路桥工程工地试验室的建设工作过程中,应当采取适当类型的干预控制手段,确保实际建设形成的工地试验室能够具备较为完善的功能配置。在具体组织开展针对特定路桥工程建设项目施工质量状态检验工作过程中,要全面指令工地试验室技术人员,严格遵照相关的技术操作规程,组织开展路桥工程施工项目施工质量水平检验活动,确保实际获取的检验结果能够获取到相对充分的科学性和准确性。

(二)切实建构完善路桥工程施工项目的工期控制系统

在路桥工程项目施工作业实践活动的具体化组织开展过程中,不论是施工作业过程的组织管理工作人员,还是施工作业过程中的每一个具体参与者,都必须严格建构形成稳定合理的工期控制意识,确保实际组织实施的工程项目施工将作业活动环节,能够在严格完成最佳表现状态的工期控制指标基础之上,顺利实现最优化的施工作业质量水平控制目标。

在路桥工程项目施工作业环节的组织筹划工作阶段,项目施工经理应当将具体施工作业项目中,涉及的所有作业任务项目都纳入施工工期管理控制方案的研究考量视野之中,要以路桥工程项目发包方,在项目施工承包合同文本中规定的最终竣工时间节点,作为基础限制条件,在实际施工作业技术活动组织开展之前,优先做好施工作业活动组织开展过程中,各主要作业任务环节的施工进度次序和时间进度安排控制工作,确保实际组织开展的路桥工程施工作业项目,能够严格遵照预先设定的施工作业周期,顺利且优质完成预先

设定的各项基本施工作业任务环节。

在具体组织开展针对具体化路桥工程施工项目的施工工期管理控制干预工作过程中，相关管理工作人员应当在针对施工作业过程中，涉及的具体任务环节开展时间进度状态表现水平管理控制工作过程中，同时充分做好指向具体施工作业活动环节的施工质量状态控制工作，确保我国路桥工程项目施工作业活动的综合性质量获取水平不断改善优化，提升我国路桥工程项目设施的综合性使用效能表现水平。

（三）切实加强施工资料管理创新

在路桥工程施工项目竣工交接业务环节的具体化组织开展过程中，基础性工程信息资料收集整理工作的组织开展，对于具体路桥工程施工项目竣工交接业务环节能否顺利完成，具备不容忽视的实践影响价值。

在具体组织开展的路桥工程施工活动过程中，具体涉及的项目信息资料主要包含路桥工程项目施工设计方案，路桥工程施工项目的施工设计图纸，路桥工程项目的组织设计规程，施工作业过程技术细节操作要领指导书，以及其他资料多种具体表现类型。

从具体化的业务活动组织开展路径角度展开分析，工程资料文本是在路桥工程项目竣工阶段开展施工结果验收工作以及审计工作环节工程中的基础性信息数据要素准备条件。有鉴于此，在实际组织开展路桥工程项目施工作业实践环节之前，应当优先全面组织路桥工程项目施工管理工作人员以及路桥工程项目施工作业人员，优先针对施工作业过程中涉及的各类基本资料文本展开全面系统的学习领会，确保实际参与的施工作业活动能够顺利获取到最优化预期效果。

针对路桥施工管理过程的创新管理问题，本书具体择取路桥工程的概念界定和路桥施工管理工作的基本特点以及路桥工程施工管理过程中的创新管理实践思路两个具体方面展开了简要的分析论述，旨在为相关领域的研究人员提供借鉴。

第二节　省道路面施工管理措施

在省道施工中，路面施工对公路整体质量有直接影响，施工人员应该注重路面施工的管理，针对其主要存在的问题，采取相应的措施，保证公路施工质量。省道路面施工工艺流程较为复杂，且涉及方面广，在进行路面施工管理的过程中，管理内容也会相对繁杂，主要包括：成本管理、技术管理、质量管理等多个方面。因此，在管理路面施工工作的过程中，一定要对各个方面、各个细节展开严格细致的管理。

一、目前省道路面施工中普遍存在的问题

（一）工程项目预定工期短，施工难度大

在省道路面施工过程中，公路施工测绘管理十分重要，施工人员如果能够对测绘工作进行合理管理，就可以缩短施工工期，提升施工效率。但是，当前的省道路面施工管理中，忽略了对施工测绘的管理，存在较大的滞后性。同时，当前的公路施工工程大部分更注重经济效益，各种测量问题频繁发生，对路面施工质量造成了巨大的影响，也威胁着人们的行车安全。

（二）公路路面施工成本高，有浪费现象

鉴于公路施工是户外施工作业，且作业时间长，施工范围广，容易受到当地地理条件和气候条件的约束，导致施工设计方案无法顺利实施，只能进行方案变更，这就增加了施工成本。虽然自然条件无法改变，但是，施工人员如果在施工之前就进行了详细的地质条件和气候条件的勘察，在遇到条件限制时，就可以给出相应的解决措施。然而，在粗放式经营模式下，施工单位只注重经济发展，对勘察工作不重视，导致出现资源和劳动力浪费现象出现。

（三）施工项目监管制度不健全

当前，省道路面施工管理人员缺乏一定的管理责任感，造成人员管理散漫，管理力度不足，管理态度不认真，不能及时反应施工中违反施工要求的现象。严重的甚至还出现了先施工、后报告的现象，这种不严格的管理模式，造成施工工序颠倒混乱，出现了资源浪费的情况。另外，有些工程中，施工人员对公路路面施工质量检测不认真，没有根据相关的检验标准进行检测，给行车安全造成了极大的威胁。

（四）施工管理工作不够完善

在当前的路面工程施工中，由于管理责任分配不合理、管理方向不明确等问题，在路面工程项目管理中出现了一系列漏洞。如：在管理过程中，由于管理人员欠缺规范意识，导致出现工程强度不达标、交工时间不明确、总工程工期不明确和工程技术不统一等现象。另外，由于缺乏明确的施工管理监督制度，在材料采买和设备引入的供应、结算、质量保修等方面未能形成相互协作的和谐关系，这就阻碍了施工的顺利进行。

（五）省道施工人员管理不到位

当前，省道路面施工人员缺乏工作主动性，工作积极性不高。但是，随着时代的发展，公路运输业的发展需要路面施工做到保质保量。虽然道路的开辟为地方经济的发展带来了契机，但是这也给公路施工人员带来了艰难的挑战。很多施工人员都长时间离开家乡，日复一日地重复单一的工作任务，再加上施工场地环境艰苦且较为封闭，与外界联系较少，

如果对施工人员的管理不到位，就会导致施工人员在施工过程中出现一系列突发状况。再加上户外作业有很多潜在的安全威胁因素，就会导致工作人员消极怠工，对施工质量造成负面影响。

二、科学化管理省道路面施工的具体措施

（一）制定完善的施工管理制度

建立完善的施工管理制度是保证施工管理质量的必要前提，施工管理人员应该制定健全的施工管理制度，使施工管理工作专业化和标准化。如施工单位可以成立施工管理小组，细化路面施工管理规则，将每个施工环节中需要达到的施工标准进行突出，保证每个施工环节的质量，从而保证整个工程的质量。在此基础上，进行明确的工作分工，充分发挥施工设备和物资材料的调配使用效率，对每个工作环节应该使用的材料、设备等进行严格规定，杜绝资源浪费现象的出现。另外，公路施工合同签署双方都应该高度重视工程合同条款，根据合同要求来进行施工标准的制定，制定了施工标准后，根据此标准进行相应的施工，保证施工质量与合同标准的一致性。

（二）强化施工现场管理措施

首先，在开展施工之前，施工人员应该对施工现场的地质条件、气候特点和人文风俗进行了解，尽量避免由于自然条件和当地风俗造成施工方案变更，这不仅是保证工程顺利进行的必要前提，更是减少施工成本的基本措施。在此基础上，施工人员在施工之前应该对测绘图和施工图纸进行细致研究，根据施工图纸要求进行施工，以便最终施工完工后，能与施工合同要求相一致。其次，施工人员应该在施工过程中进行施工计划和施工方案的编制，设定施工工期，根据施工工期合理安排施工任务，避免由于赶工期而降低施工质量。最后，施工管理人员应该对施工材料与废料的堆放、施工设备的摆放等进行科学合理的设计，保证施工材料堆放不会影响施工设备的进出，施工设备的摆放也不会影响到施工的正常开展。

（三）进行合理的施工成本管理

在进行公路路基路面施工过程中，在注重施工质量的同时，也要注意工程的经济效益，因此，降低施工成本十分重要。施工人员在施工前就应该制定详细的施工计划和方案，对材料的采购进行预算，严格控制材料的使用。其次，针对施工中的难点和重点，进行合理的劳动力分配和机械设备配备，提高劳动生产力，保证施工能够顺利、安全进行。另外，施工人员应该进行适当的教育培训，了解新引进器材的使用说明，合理正确地使用施工器材，定期对施工器材进行维护保养，延长施工设备的使用寿命，从根本上控制成本消耗。

（四）工程施工的细节化管理

由于公路施工面临复杂的地质结构和恶劣的自然气候条件，在施工过程中经常会出现一些突发性施工事故。因此，在进行路面施工的过程中，施工人员应该对施工技术进行细致的管理。针对施工过程中容易出现的突发性事故和安全隐患进行评估，并评估结果交至上级，在上级决策后，及时排除，尽量避免施工过程中出现安全事故。此外，施工人员要对施工设备进行定期检查，保证施工设备能够正常使用。由于当前已经进入了机械化时代，在道路施工中引入的机械设备逐渐增多，管理人员不仅要注意设备的运行检查，更要注意其类别管理，要将机械设备安置于合理的位置，最大限度地发挥机械设备的功效，提升施工效率。

（五）强化公路路基路面施工工序管理

施工的每道工序都会对最后的施工质量造成影响，因此，施工人员在进行施工的过程中，应该对每道施工工序的质量进行严格管理。在公路施工过程中，应明确每道工序的工作责任，并将其落实到施工人员身上，实行责任制，保证施工人员做好该工序的施工工作，进而保证施工的细节质量。另外，要合理安排施工工序，工序完成后，及时进行质量验收，针对不符合要求的工序应该及时进行改进，避免出现恶性循环。除此以外，施工人员在工程完工后，要注意施工现场的整洁性，减少对环境的污染。

综上所述，根据我国交通行业的发展需求，省道工程建设施工具有重要意义，对省道路面施工进行科学化、合理化管理十分必要。在进行省道路面施工管理的过程中，施工人员应该严格控制好施工的各个环节，把握施工管理的重点内容，以合理的方式强化施工流程管理，将质量控制落实到成本控制、施工细节、工序管理等各个方面，将细节管理和全局管理有机结合，促进路面施工管理的科学化和规范化，进而保证公路工程整体质量，促进交通行业的发展。

第三节 路桥建设及养护管理分析

道路桥梁的建设过程中一些建筑单位为了自己公司的利益或者是一些技术人员、施工人员的原因而导致路桥建设出现问题，我们都知道路桥建设出现问题对我们造成的损失将是巨大的，甚至会威胁到人们的生命安全。路桥的养护和管理也是很重要的，它是保证道路桥梁可以安全运行的基础，也是延长道路桥梁运行年限的很重要手段。在路桥的养护和管理过程中我们也遇到了很多的问题，这些问题的存在困扰着我们的工作人员，给我们的道路桥梁养护和管理产生了一定的影响，所以我们要针对出现的这些问题，提出解决这些问题的解决措施，这样我们才能保证路桥建设、养护和管理的顺利进行，下面我们就来简单谈路桥建设、养护和管理的相关问题。

一、规划路桥建设思路

道路桥梁的建设对城市化的发展起到了很重要的作用,所以我们要对道路桥梁的建设规划好,这样才能保证路桥的建设是符合社会发展要求的。我们国家的路桥数量庞大,路桥建设的要求是我们要关心和维护的,针对这些道路桥梁建设我们要对它们的质量进行监督,并完善路桥建设、养护和管理的体系,这样我们才能保证路桥建设、养护和管理的正常进行。

(一)强化路桥工程质量管理工作

保证路桥建设的质量是我们最重要的任务也是最基本的任务,我们要在路桥的建设过程中保证建设工程的质量,这样我们建设出来的道路桥梁才能符合安全的要求,我们也才能在安全的道路桥梁上行走,下图就是正在施工的桥梁现场。路桥建设的环节是烦琐的,我们要对各个环节进行监督,保证每一个环节的质量安全。现在我们国家的很多路桥建设单位对路桥建设的安全问题并不是很重视,这样的想法和做法都是不正确的,我们要强化路桥工程建设质量管理问题,让每一个建设单位都能保证自己建设过程中的质量安全问题,然后我们对每一个建设单位进行监督管理,这样我们才能保证建设过程中的质量安全。否则只是我们强调安全问题是不管用的,我们要把路桥安全建设的问题深入到基层,这样每一个人都能坚持安全建设的理念[①]。

(二)加大科学技术的投入力度

在路桥的建设过程中我们经常遇到很多的问题,这些问题可能在以前就会困扰人们很长时间,但是现在随着科学技术的不断发展,我们对建设技术的研究已经趋向于完善。所以我们在路桥的建设过程中要尽量使用最先进的科学技术,加大科学技术的投入力度,这样可以在很大程度上减少人工的使用,也可以提高工程建设的效率,对我们的工程建设来说是很有好处的。在以前,工作人员在进行路桥建设的过程中都是需要很多的劳动力的,这些施工人员在施工的过程中一旦出现失误对路桥的建设都是影响很大的,现在很大程度上都是机械施工,机械设备出现问题的概率还是远远小于人工的,所以我们要在路桥的建设过程中加大科学技术的投入力度,保证路桥建设的顺利和有效进行。

(三)为工程品质提供保障

路桥的建设过程中建设效率是很重要的,这关系到竣工的时间,对建设工程的意义来说是很关键的。建设的效率提高了就可以在很大程度上减少人力、物力和财力的使用,提高建设单位的利益,但是我们在保证建设效率的同时也要保证建设施工的质量。很多建设单位为了谋取私利而故意加快施工速度,这样就很容易出现质量问题,这样的现象我们是要坚决杜绝的,出现这种现象将会造成很严重的财产损失,还会威胁到人们的生命安全。

---

① 杨由天. 浅析路桥管理方面存在的问题及解决措施 [J]. 低碳世界,2017,7(34):259-260.

所以我们要在提高建设效率的同时保证建设施工的质量，这样才能为工程建设的品质提供保障。

二、路桥养护与管理的现状

（一）路桥管理体制不完善

路桥在建设完成后的养护和管理是很重要的，这关系到道路桥梁的运行安全和使用年限，所以我们要认真对待。但是现在我们国家的路桥养护和管理体制还不是很完善，虽然说是颁布了一些关于路桥养护管理的法律法规，但是并不能涵盖很多问题，在路桥养护和管理的过程中出现的很多问题还是没有依据，所以我们要建立健全相关的法律法规，这样我们在遇到问题的时候才能有法可依，我们的路桥养护和管理才能有序进行。

（二）路桥养护支持力度不够

虽然说我们国家的经济水平不断提高，但是总的来说经济还是有限的，所以在很多领域的投入是不足的，路桥养护和管理就是一方面。我们国家对路桥的养护和管理的需求是很大的，我们国家存在很多的公路和桥梁，但是投入的资金确是有限的，所以就出现了这个矛盾，这样我们在很多时候都是心有余而力不足，没有资金就很难进行路桥的养护和管理，这是不争的事实，所以为了能让我们国家的道路桥梁的养护和管理在短时间内得到提升，加大资金投入是很有必要的，只有加大路桥养护和管理的支持力度，我们才能有足够的资金进行工作，才能保证我们国家的道路桥梁的运行安全。

（三）路桥养护人员的素质和水平较低

我们上面也说过我们国家对路桥养护方面的投入并不高，再加上这方面的资金使用是比较多的，所以是很难再有剩余的资金来聘请专业的道路桥梁养护人员。但是单路桥梁的养护工作的技术型是很高的，这样就出现了路桥养护工人的素质和水平较低的情况。出现这样的情况对我们的道路桥梁养护来说是很致命的，这些养护人员并不知道该如何进行养护，在养护的过程中也不知道应该注意什么，这就很容易出现问题了。道路桥梁在使用的过程中出现了一些小问题，这些小问题就是大灾难的隐患，所以我们应该找出来并解决的，但是由于养护人员的专业水平有限，他们就很难检查出来，这样就不能在合适的时机进行养护，这对道路桥梁来说是很严重的，这会严重影响道路的使用年限和质量。

三、探索路桥养护管理新思路

（一）严格监管路桥检查环节

路桥质量监管人员要重视路桥检查环节，路桥监管人员要定期对路桥质量进行检查，在检查的过程中，路桥监管人员在进行质量监管时要运用科学的方法进行检查。监管人员在进行监管时要注意细节，发现细小的不合格之处要及时上报，确保路桥质量。

（二）确保危桥的改造工程

危桥就是不符合路桥质量要求的，对于这种路桥，监管人员密切注意这些路桥的状态。对于危桥，监管人员要做好日常的维修工作，结合维修人员采取合理的措施进行合理的修护。危桥拆毁需要很大的人工并且花费很多，因此危桥现在一般都是采取改造的方法来提高危桥的质量使得危桥质量能够符合我们的要求。维修人员在进行危桥改造工作时，要运用现代科学技术努力提升危桥的承载力。

（三）对路桥养护人员的素质和水平进行培训

路桥的质量与路桥的日常养护和管理有密切的关系，因此，路桥养护人员的素质和水平也至关重要。为了延长路桥的使用年限，可以加强路桥养护人员的素质。相关的部门要重视专业人才的培养，在人员招聘时就要注重人员的路桥基础知识，然后加大人才培养的力度，可以定期组织人员进行路桥养护知识的培训，使得养护人员能够掌握最新的路桥养护知识，确保路桥的日常养护管理工作能够到位。

（四）加大路桥养护资金的投入

路桥的日常养护工作能够延长路桥的使用年限，对于节省路桥建设费用具有重要的意义。因此，日常养护工作具有重要的意义，政府机构和相关企业要加大路桥养护的资金投入，资金是路桥养护的基础，一些先进养护技术的运用需要设备来完成，因此要重视路桥养护设备的投入，资金投入还要用于人才的培训和素质提高，只有具有高素质的维护人员和高性能的设备，才能确保路桥的维护工作。

（五）建立健全路桥养护管理档案

路桥养护的过程中很多人员都存在很多的问题，这些就是使得路桥养护出现问题的原因之一。所以我们要在建立健全路桥养护管理档案，这样我们就可以把路桥的养护过程的具体细节记录下来，这样在以后的考究过程中就有一定依据。这样做还有一层目的就是震慑一下那些不认真工作的人员，对他们的震慑作用将促进我们的路桥养护工作更好地进行。还有就是为了以后的工作需要，建立健全路桥养护档案对于以后的工作中出现的类似问题可以提供借鉴，对以后路桥的养护和管理是很有好处的。

公路桥梁的建设是最关键的阶段，这个阶段的质量好坏将直接决定着路桥的以后使用的情况，所以我们要在这个阶段重视起来，保证工程建设的质量安全。在建成以后，我们就要对路桥的养护和管理严格要求，改善该过程中出现的问题，保证路桥能够安全使用。

第四节 道路桥梁建设施工现场管理

世界经济格局使得各国的经济都在不断地发展，我国承接着这股强风实行改革开放，经济发展不断向前。而其中道路和桥梁的建设使得我国的交通能力得到了很大的改善，并且加深了各国、各城市之间的经济交流，使得一个国家在不断竞争中得到进步。尽管道路和桥梁的发展挡不住我国经济的发展，但是在发展之中也少不了出现很多的问题。经济发展的同时，对于交通的要求也不断地升高，要缓解这种局势就需要建设更多的道路、桥梁工程，这导致施工过程当中出现了很多的困难。这篇文章是根据我国道路与桥梁的现场施工管理的境况，结合施工过程中产生的问题进行一些简要的探讨。针对相关的问题，我们做出了相应的对策，从多方面加强道路与桥梁现场施工的管理力度。

我国在道路桥梁工程中发展地十分迅速，而且这方面的建设在不断扩大，因此施工过程当中就出现了各种各样的问题。针对这些问题，各个负责人都做出了相关的解决方案，尽管缓解了一部分问题，但有些问题还是治标不治本，并且新的问题也是层出不穷，这极大地影响了施工的进程，给施工人员也带来了很大的负担。

一、管理道路与桥梁现场施工的影响因素

众所周知，我们都了解在管理道路和桥梁现场施工之中都有很多的因素会对其造成一定的影响，所以下文将会对其影响因素进行全面的分析和探讨。

（一）人为因素对道路与桥梁现场施工的影响

施工过程离不开人的协作，一项工程的实施靠的是劳动人民的不懈努力。如果施工人员技术方面的能力不是很高，在其他素质方面也不高，管理部门不能很好地对工程进行管理，对施工阶段的管理都会造成或多或少的影响。

（二）施工所用的材料对道路与桥梁现场施工的影响

施工材料直接影响工程的质量，在现下的市场经济中，各种材料真是琳琅满目，对于同一种材料，质量方面却也大同小异，对于商家来说，利益是他们首先要考虑的事情，一些劣质的材料就慢慢地应用到施工过程当中，导致施工的质量大大地降低，以至于出现安全隐患。

（三）施工设施对道路与桥梁现场施工的影响

施工过程当中如果施工的项目比较大，施工过程比较复杂，那么就有可能使用一些施工设施进行辅助施工。针对这些施工设施，我们必须进行定时的修整与维护，保证其安全、

可靠，方便工作人员对现场进行管理。

（四）人文地理对道路与桥梁现场施工的影响

在中国各个地区的生活环境、生活条件等各不同，贫富差距也很明显，而且受地理因素的影响，海拔的高低也是此起彼伏，这些因素在道路与桥梁现场施工时都会造成很大的影响。在一些海拔较低的地方，施工起来比较方便，但是在一些海拔高的地方，施工就会遇到困难，而且对于施工设施的运输、作业都会造成影响，延误施工的进程。

（五）环境对道路与桥梁现场施工的影响

天气瞬息万变，也许前一刻还是艳阳高照，下一刻就是大雨瓢泼。受环境因素的影响，可能对施工的进程、施工的方式都会产生较大的影响，特别是一些极冷或者极热的地区，经常会出现很多的突发状况。

二、管理道路与桥梁现场施工中出现的问题

（一）原材料问题

这类问题一般不会出现在施工前，主要集中在施工进行阶段，如果这项指标达不到要求，会造成道路与桥梁的安全出现问题。原材料出现问题对整个工程的进度都会产生巨大的影响，也有可能使得前期的工作无效化。

（二）安全问题

1. 施工方不能对安全方面的问题予以重视

因此在建设施工时，施工方只看重经济方面的利益，这导致安全问题被忽视，不注重实施，完全不能保证工程的安全性。我国的很多项工程都忽视了安全方面的问题，而且在安全方面的投入量也不足，在经济上得不到支持。这也使得相关企业因此懈怠，不能付诸行动，对施工的进程有着直接影响，对现场的施工造成了很大的影响。

2. 在施工准备阶段没有进行充分的准备

最近几年，我国的建筑事业上升很快，道路与桥梁的工程也是在不断发展，但是工程量的增多，安全事故也在不断升高，从根本上说是因为施工阶段的准备工作不足。审核施工图纸时不够细致，只注重图纸上的内容，没有考虑到现场施工的地理位置或者是天气等因素的影响，在施工时有些地方不符合国家标准等问题。

3. 没有制定出符合现场施工的管理体系

在施工阶段施工现场混乱，人员分配不够合理，针对出现的问题，不能及时对做出方案进行处理，严重的阻挡了施工的进度，不能在施工工期内完成任务。

三、如何加强道路与桥梁现场施工管理

（一）对施工材料进行严格的审查

对于有些东西来说，稍微有点疏漏可能不会影响事情的发展，但是对于一个工程来说，一点小小的纰漏都会导致整个施工过程瘫痪。在进行施工前选材时，一定要对市场进行细致的调查，要综合考虑材料的质量、材质、价格等多方面的因素，选出最适合施工的材料。确定这些因素后，再对工程的工程量做一个整体的评估，准备好充足的施工材料，防止在施工时，由于材料不足导致施工不能够按时进行。

（二）施工前期进行准备工作

对于一张施工图纸来说，是设计者针对施工现场的实际情况，将实际的情况集中体现在图纸当中，方便施工人员进行施工，并且在施工前，施工人员应该去现场进行实地考察，对整个工程进行一个细致的了解，保证施工单位能够有序地进行施工工作，应该以一个怎样的流程进行施工，制定一个相关的施工方案。

（三）进行安全培训、指导

造成安全事故的原因大部分是因为施工人员的安全意识不足引起的，对于一些人来说，在技术和知识方面可能都做得非常好，但是对于安全意识来说就相对薄弱。施工作业前，由工程技术负责人或方案编制人向施工作业人员进行安全技术方案交底。分部分项工程作业前，应由项目工程师或分管技术员向全体作业人员进行安全技术交底。工班长每天班前会布置生产任务时，应对易发生的安全事故进行提醒、警示。

（四）对施工过程进行严格的监管

在市场经济建设当中，鱼龙混杂，形成了一种十分混乱的局面，施工单位想尽各种手段提高企业的利益，对许多环节都予以懈怠。因此一定要加大对施工项目的管理，对每一个环节进行细致的监督，建立一种合乎此项工程的管理模式，保证该项工程能够合理有效地进行。

（五）进行合理的施工成本预算

在开展工程施工前，要进行一些准备工作，对施工图纸进行全方位的解析，了解每一个建设设施的相关知识，相关人员合理分配工作，对工程的整体进行合理的评估，预算。给工程一个合理的工程造价，从而对工程进行一个合理的投资方案，保证工程的合理施工建设，严密的管理工程进度。

道路与桥梁建设是我国经济发展的重要桥梁和纽带，是发展我国经济不可或缺的一部分。如果没有道路和桥梁的形成，尽管各国与各国之间相连，但也无法进行经济等各方面的往来，就像是一个孤立的岛屿，而道路和桥梁就是连接他们的纽带。因此要保证道路和

桥梁的安全、可靠离不开一个切实有效的管理措施，这需要我们在管理方案上多下功夫，对现有的管理措施进行改革、创新，以满足当今社会道路与桥梁建设方面的要求。

第五节 公路桥梁工程造价管理与控制

我国过去工程造价管理只能反映出工程设计和施工活动中，随着我国社会经济的不断发展和进步，近些年，公路桥梁等基础工程建设也得到了不断地发展，而公路桥梁工程造价管理也逐渐发展到可以影响公路桥梁的设计和施工，并在工程事故中发挥着自身控制工程造价作用。现阶段我国的公路桥梁工程造价管理中还存在不足和问题，因此我们对现有公路桥梁工程造价控制的方法，进行深入研究，借鉴其他国家和地区优秀的、成熟的管理和控制经验，完善我国公路桥梁工程造价管理和控制体系，推动我国公路桥梁建设不断向科学化、规范化方向发展。

在我国的国民经济发展推动了公路桥梁工程的兴起和建设。近几年，我国的公路桥梁工程建设项目不断增加，建设投资资金数额不断增多，对公路桥梁建设中的工程造价管理和控制成为一项重要课题。工程造价管理和控制，关系着工程建设费用和建设质量，工程建设中对工程造价要进行科学有效管理和控制，将有限工程建设资金进行合理配置，使公路桥梁工程建设可以顺利完成，取得经济效益并获得社会效益。

一、工程决策阶段对工程造价管理和控制

公路桥梁工程项目确立需要三个阶段，即：项目调研阶段、项目筹备阶段、项目立项决策三个阶段。项目调研阶段是工程项目确定第一步，建设单位要对所建项目涉及的施工技术进行研究，对所建工程可能造成一些影响进行调查和研究，例如建造工程项目会对社会、周边环境以及经济建设等产生怎样的影响。建设单位对项目完成投产后所产生经济、社会、环境效益进行科学合理预测，由此确定投资建设此项工程是否可行，根据多方面调查数据和信息，制定最优投资建设方案，为相关部门提供及时、全面、有效的决策依据。

在确定工程项目之后，进入到项目建设筹备阶段。项目筹备阶段是为工程建设选择最佳建设方案，通过组织专家对项目进行相关论证，听取专家意见和建议，在多个备选方案中选择出最佳建设施工方案。

项目决策阶段主要是制定工程项目意见书，同时要出具可行性研究报告和工程项目评估报告。市场经济体制下，项目决策阶段工程造价管理，虽然受相关社会职能部门监督，但是作为工程投资和全程控制管理方，建设单位才是控制建设工程造价主体，所以建设单位必须积极参与到工程造价管理中，发挥自身主导优势，做好对工程可行性分析。建设单位要确定建设工程规模，因为工程规模直接关系到项目的投资额，而交通量预测值是否准

确，会影响到造成工程规模和建设费用，所以建设单位要提供准确交通量预测值。选择优秀专业技术人员，对相关项目资料进行收集和整理，为项目造价管理和控制提供可靠依据。

二、工程设计阶段对工程造价管理和控制

公路桥梁工程施工中，要对每个施工环节进行工程造价核算，并在工程造价核算将重点突出。项目决策和设计过程，是工程造价的核心。但是在投资决策阶段结束之后，要将工程造价的设计阶段作为控制重点。通过监理部门对公路桥梁工程实施阶段进行控制，不仅可以提高工程设计阶的质量和速度，同时还能对项目实施阶段投资进行有效控制。我国现阶段的工程建设中，前期工程项目设计阶段还没有实行监理控制制度，所以，即使在规范条件下，受经验、技术和其他外界因素的影响，工程设计后的工程造价会发生很大的变化，而传统的工程设计高质量、高投入的理念也会提高工程项目造价。

如果工程设计只一味追求不切实际的高标准和高质量，会使工程造价过高，造成资源浪费。因此，要科学合理对公路桥梁工程造价进行控制。①工程设计前期要实行监理制度，通过监理部门的监督和管理，使工程设计更科学更合理，同时可以将工程造价控制在最低范围内，有利于建设单位管理水平提高，做到合理配置资源，优化产业结构。②在工程设计中要实行限额设计，作为控制工程造价一种有效方法，限额设计制度不仅是经济问题，同时也是一项技术问题。是依照特定结构，将投入资金分成多个部分，设计人员按照每个部分规定资金数额进行设计。③对多种方案进行比较，将不同方案进行比较，才能选择出最佳经济实用方案。我国在现阶段基础设施建设中还存在很多不足和问题，例如，公路桥梁工程项目建设资金比较缺乏，而资金缺乏在一定程度上制约了公路桥梁工程建设。因此需要对多种设计方案进行比较，严格审查设计图纸设计内容。在施工正式开始前，建设单位或监理单位要组织施工单位和设计单位进行图纸会审，主要对施工技术、施工可行性以及工程造价等方面进行严格审核，在审核过程中如果发现问题或者设计漏洞，及时纠正，保证工程可以顺利施工，尽量避免在施工过程中出现设计变更情况。工程施工中如果出现设计变更或者工程签证，会造成工程造价调整，而调整后工程造价占整个建设工程竣工结算比例在5%～15%。所以要重视图纸会审工作，对施工图纸设计内容要进行严格审核，保证施工技术合理性、施工设计可行性以及工程造价经济性，并对发现问题和漏洞进行及时解决，避免施工过程中出现设计变更，从而影响工程施工进度、质量和工程造价等方面。

三、工程施工阶段对桥梁工程造价管理和控制

多次设计变更会造成设计资金的浪费，所以在工程施工阶段要进行工程量的检查和计算，通过这种方法可以以直接控制工程造价。合理设计施工时段，对施工过程和内容进行全面深入的探讨和研究，对照比较施工技术、施工条件和施工资金投入，为施工预算编制提供真实可靠的信息依据。影响工程预算编制的主要因素有：施工现场布局控制、工程施

工期限、工程方案选择。

（一）施工现场布局控制

在工程造价中主要对工程材料价格进行控制，在工程整体资金投入中，对工程建设材料资金投入一般占整体预算费用的70%左右，占直接费用的80%左右。所以必须在施工阶段，按照合同严格控制材料用量，将材料价格控制在合理范围内，确保工程造价的稳定。在施工组织设计中，主要是对施工现场布局控制在空间范围上进行整体规划，主要内容包括：工程材料补给和运送程序、水电供给、临时工程建造、油料补给站设置、预置场地安排、搅拌场地搭建、巨型机械安置等方面。场地运输费、搭建费、土地承包费、修缮场地费、资源管理费等平面布置费用的确定，影响着预算直接费用支出。

（二）工程施工期限

在工程施工中要将劳动力安排、材料供给、机械设备配置进行合理搭配，施工质量、物资消耗以及工程工期是相互制约的，例如：在桥体顶部轮廓性造型工程中，组合元件抗压力要达到设计强度的95%以上，但如果工期缩短，将会增加预采购部件数量，导致直接运营费增加。所以一定要保证施工质量，合理制定工期期限，合理规划工程步骤，以此达到控制工程费用最合理的目的。

（三）工程方案的选择

在施工过程中，不同施工方案所采用材料类型、规格、数量是不同的，造成不同施工方案工程造价也是不同的。目前我国公路桥梁工程资金短缺情况下，在进行工程方案选择上，不能只片面追求工程高规格高质量，也要考虑到工程造价。由此可见，工程造价对工程建设具有重要作用。我国工程造价管理和控制，正在由过去只能反映工程设计和施工活动，逐渐向能在一定程度上影响公路桥梁设计和施工方向发展。这一发展过程是一个质的飞跃，所以要加强对工程造价管理和控制方法运用到实际中去，不断探索和研究，不断总结在实际操作中获得最多经验和可控操作，促进我国公路桥梁建设造价管理及控制迈向更高台阶。

第六节　路桥工程机械设备的选用与经济化管理

在当前的施工建设中，路桥工程都是由施工单位承包的，并且施工中主要采用的方式是运用机械化的设备，因此为了尽可能地节约成本，保证施工的顺利完成，在选择机械设备时就应该尽可能地按照一定的原则实行，这样才能达到预期的目标。对于机械设备而言，要想让其性能得到最大化的发挥，就要在管理的过程中进行经济化的管理模式，这种管理方式能够进一步促进企业经济效益的提高。本书重点对在路桥工程中所使用到机械设备如何进行选择的问题进行了分析,同时提出几点有效的经济化管理措施,希望能够对今后的工作有所帮助,更好的发展我国路桥工程的建设。

本书主要对路桥工程中的机械设备选择问题进行了简要的分析,因为在工程建设的过程中机械设备是主要的工具,对于工程能否顺利的实施可以说是起到了事半功倍的作用,为了促进我国路桥工程的发展建设,就需要从根本性的问题入手,进一步完善机械设备的选择,并且对机械设备进行更加经济化的管理,希望在本书的论述下能够为今后的工程建设带来一定的思考。

一、路桥工程中机械设备的选择

(一) 选择机械设备的主要方法

要想选择好机械设备,就必须要掌握必要的方法,按照这些方法进行选择,那么就能获得令人满意的结果。通常情况下,机械设备的选择主要有四种方法,一种是在作业内容的基础上进行选择,一种是通过土质的情况进行选择,一种是从运距的角度进行选择,还有一种方法是从气象的角度对机械设备进行选择,在进行高速公路的路基施工建设中,因为施工比较复杂,需要挖掘土方,还要将这些土方进行装载,紧接着还要进行碾压以及填筑等。不同的施工环节需要使用不同的施工设备,可见通过作业内容对机械设备进行选择是十分必要的。而在路基施工的过程中,主要采用的方式是按照施工对象选择机械设备,这项工程中的主要施工对象是土石方,所以其自然性质以及状态将会对施工质量与效率产生一定的影响,同时如果选择的机械设备不当,还会无形之中增加工程的成本,因此选择机械设备的过程中,一定要充分对土质条件进行考量,这样才能实现最大化的经济效益。此外,天气因素也是不能忽视的一个问题,需要充分考虑到气候因素才能让施工更加顺利地完成。

(二) 机械设备选择的基本原则

在对机械设备进行选择时,需要遵循以下几方面的原则,首先是应该满足施工现场的需要。以路桥工程的施工现场为例,在施工中需要涉及很多内容,例如对软基的处理,对桥梁以及隧道的处理等,这些问题让施工条件发生了很大的变化,因此在对机械设备选择的过程中,应该充分考虑到地形的问题,并且还要对天气情况以及工程质量要求等问题引起必要的思考,这样才能保证在机械设备能够充分发挥其作用,顺利地完成工程任务的要求。

其次是要从经济性的角度对机设备的选择进行考虑,在施工中充分考虑到机械设备的经济性原则,能够有效地控制工程成本,经济性原则与机械设备的自身消耗具有十分密切的联系,所以在同样完成施工的前提下,应该充分对机械设备的消耗问题进行考量,这样才能将资金的投入降到最低。另外在选择机械设备时,安全性与质量的问题是需要重点衡量的，因为路桥工程的施工建设应该满足专业化的需要，有些对技术的要求较高，在这种情况下，应该选择性能更加优越的设备才能满足施工质量的要求，并且有效的预防安全事故的发生，让路桥工程能够顺利地进行。

二、路桥工程机械设备经济化管理的措施

（一）高效配置施工机械以及施工人员

施工人员是工程建设中的重要组成部分之一，因此从经济性的角度出发，必须要保证施工人员具备专业化的能力与技术水平，具备较强的综合素质，培养一支专业化的人才队伍，在施工人员中，必须要求他们具备一定的责任心与丰富的经验，这样可以让工程出现安全隐患的可能性降到最低，同时也能从根本上保证机械设备得到更加科学化的管理。此外，定期对设备管理人员采取继续教育的方式，让设备的操作技能更加熟练，从自身特点出发，让每一名机械设备的操作人员都能得到不断的成长。再次，对机械设备采取集中管理。也就是施工单位要采取租赁经营，或者厂站管理的方式，成立自己的租赁站或者修理厂，采取有偿使用的方法。使用这种管理方法，一方面设备的维修以及养护工作能够统一调配，有利于机械设备的合理化、科学化管理，而且也防止了由于高速公路施工周期较长造成部分机械设备长期闲置的现象，杜绝了浪费，让所有机械设备都发挥出最大的经济价值。

（二）制定出有效的激励和约束机制

在管理大型路桥机械设备时，必须建立有效的长期负责制度，通过在一定周期内对机械设备的各项指标进行检测，比如检测机械设备的运行状况，任务完成情况以及机械设备的损耗情况等，并且将考核结果与管理者的经济利益挂钩。如果考核后，机械设备的各项指标均符合要求，则应当对相关的管理者进行奖励；如果考核后各项指标较差，则应当对管理者进行一定的处罚。在管理小型机械设备时，由于操作人员数量较多，而且多数操作者为短期临时合同工，所以应当个人承包的模式。施工单位与机械操作者签订有关合同，明确机械的使用期限。在确保施工任务能够正常完成的情况下，可以将机械设备的维护以及使用费用分多次发放。机械设备在使用过程中的费用盈亏完全由承包人个人承担，如果由于机械设备的使用方法不当造成重大事故或者损坏的，均由承包人承担一切赔偿责任。

三、及时诊断故障，选用国产配件

当机械设备发生故障时，必须按照规定对设备进行及时维修。在维修前，必须对故障进行全面鉴定，找到故障发生的根源，避免出现小病大治或者大病小治的现象。为了有效防止这些现象的发生，可以使用一些诊断设备，及时诊断机械设备故障，并且分析故障发生的原因，进而采取对应的维修措施。当机械设备的某些配件损害后，往往需要重新购进配件进行更换。但是大中型机械设备在购进配件时，订货时间较长，而且价格非常高，造

成了机械设备维护的成本大幅提升。所以，要想降低设备的维护费用，可以采取使用国产配件的方法。但是并非选用加工简单的配件进行替代，而是要对国产配件进行反复测试，符合要求后予以选用。选择的国产配件必须满足机械设备的正常工作需求，不会对其他配件造成损坏。

施工单位在选用机械设备时，要遵循一定的选择原则，结合施工的具体条件，使用有效的选择方法。同时，在管理机械设备时，应当加强管理者的素质，制定出约束和激励制度。为了降低机械设备管理费用，通过这些方法来为企业增加收益，降低企业的机械设备管理成本。

第七章 路桥施工管理的创新研究

第一节 路桥工程合同管理的必要性

在社会经济快速发展的推动下，我国桥路工程的发展也加快了前进的步伐，由于路桥工程在项目施工中的特殊性，使得路桥工程的合同管理经常会出现诸多问题。在施工过程中，由于路桥工程项目施工周期长，对质量的把控和要求相对较高。加上外界环境和天气状况经常出资不确定中，这也增加了路桥施工的变数，导致在合同管理中违约的现象比较严重。因此需要加强合同的管理，从制度、人员素质等方面加以规范，促进工程顺利实施。本节首先对路桥工程合同管理的必要性做出阐述，然后再针对具体的加强措施进行详细的分析。

路桥工程的顺利进行，需要在合同上加强管理。由于路桥管理工程合同所涉及的项目内容比较多，也相对较复杂，因此在具体实施过程中，经常会有漏洞出现。在路桥工程合同管理中，合同管理关系到双方的利益，因此不管哪一方的利益因为合同问题受到侵害，很可能造成项目的进度受到影响。所以路桥工程合同管理具有非常重要的意义，需要在合同管理中使双方都能明确自身的责任和义务，促进路桥工程高质量、高进度地进行。

一、路桥工程合同管理的必要性

（一）路桥工程项目施工的前提保障

在工程企业中，承包合同是一切生产经营活动的前提保障，工程项目的施工进度需要根据合同中的相关规定进行开展，是工程得以持续实施动力。因此合同管理在生产中至关重要，除此之外，合同管理中还会涉及企业的经营计划以及各项经济指标，这对工程管理同样起着重要作用。从内容和管理涉及面上看，路桥工程合同和其他合同有一些区别，这就使得路桥工程合同管理在管理上需要特殊对待，才能满足工程施工的实际需求。

（二）路桥工程合同本身的特殊性

通常来说，随着当事人愿意的加强，在很多合同的签订中，任意性不断得到体现，但是路桥工程合同的特殊性，使得路桥合同在签订之前会对双方的资格进行审核，在严格的评判之后才能确定合同的主体。其次路桥工程合同在签订过程中程序相对复杂，这就使得在路桥工程合同管理上需要有一套完整的管理方案，才能满足合同严格的审核和复杂的流程。

（三）路桥工程合同中特殊的内容和结构

总的来说，路桥工程合同管理内容涉及面相对交广，从路桥的实地勘探和测验开始，再对图纸的设计，到具体的施工，然后再到后期的验收等一系列活动。在这个过程中，逐渐形成了一个内容庞大、结构完整的动态系统。在路桥工程项目具体施工中，需要工程合同作为项目施工的指导，使每个环节在质量和进度上都顺利开展，同时注意好不同环节之间的衔接，确保路桥工程朝着正常的方向有条不紊地进行。

（四）迎合市场经济和法治社会的发展

在市场经济越来越开放的环境下，市场竞争体现出自由的特征，路桥工程在实施的过程中也应该符合市场经济的发展规律，为了充分迎合法治社会的发展要求，在路桥工程合同签订过程中应该充分符合相关的法律法规，做到合法施工。与此同时，路桥工程合同双方也可以按照法律的规定，切实维护自身的合法权益。因此需要加强工程合同的管理，最大限度减小因合同问题给企业带来的损失，保持自身的竞争优势。

二、加强路桥工程合同管理的有效措施

（一）增强法律意识，促进合同管理体系的完善

在路桥工程合同签订之初，首先应该增强自身在合同管理方面的法律知识，这样才能逐渐形成较强的法律意识。在路桥工程合同签订的时候，由于路桥合同所涉及的内容多而且杂，所以需要对合同的条款进行认真审阅，仔细推敲合同中规定的有关事项，避免对方突然违约造成自身面临不利的处境。面对路桥工程项目量巨大的特性，更应该次用法律意识着手，确保合同管理上的合法性以及严密性，尽量避免由于项目施工原因导致在合同管理上出现纠纷的现象，从而影响项目施工的质量和进度，给双方带来经济损失。其次，路桥工程合同签订双方都应该在内部设置专门的合同管理机构，具体统筹管理合同工作，通过完善合同管理的体系，确保合同得到正确的实施。另外合同管理体系应该从合同签订工作开始，对合同的审查、授权、监管等工作进行统一执行，并出台相应的管理制度，将合同管理实现规范化操作，减少合同管理中错误率的产生。

（二）提高合同管理人员的综合素质

在合同管理上，合同的条例和规定事项往往相对固定，但是人具有很强的灵活性，需要根据项目施工中的变化进行灵活调整，在不涉及国家法律以及合同基本原则下，可以通过合同管理人员之间的协调，以达到路桥工程顺利进行的目的。因此在合同管理上，需要

专业技能较强的管理人员的加入，再加上合同管理本身就涉及到多方的利益，因此对管理人员的道德水平和综合素质是一个考验。专业技能决定着合同管理人员是否能在合同签订中针对不同情况及时做出应对措置，道德和综合素质能够充分确保路桥工程项目朝着健康的目标发展。因此路桥项目工程部应该不断引进专业人才的加入，定期组织合同管理人员参加相应的学习培训，增强专业技能水平，在学习中不断交流实际工作中的经验。此外还应该加大法治宣传的力度，培养合同管理人员正确的合同管理理念，通过从合同签订到合同履行这一整套的教育中，使合同管理人员能够熟练掌握法律、财务、监督、技术等方面的知识，从而提高合同管理人员的综合素质。

（三）规范路桥工程招投标管理

在路桥工程招投标管理中，需要严格按照招投标的流程进行操作，在招投标过程中，需要履行公平、公开、公正的原则，确保招投标的整个过程的严谨性和合法性。在招投标的管理中，首先需要对路桥承包方进行考察，对其资质和信用度进行严格的审核，从源头上确保合同管理的有效性。进而对施工队伍的规模和质量进行把控，减少恶性竞争的发生，避免因逐级压价使得施工质量得不到保证。其次在招投标中应该重视原则性，同时兼顾合同双方的利益，不能因为过度审核使得承包方失去施工的积极性。另外国家相关部门应该加强对施工的监管力度，坚决抵制违法行为的发生，对情况恶劣的必须严肃处理，以维护市场环境正常运行。

（四）充分借鉴国外先进的管理经验

针对目前我国在路桥工程合同管理中经常遇到的问题，除了自我总结之外，还应该学习国外先进的合同管理经验，在面对相同问题时，可以借鉴值得参考的意见，然后从我国路桥工程实际现状出发，在合同管理中积极寻求共通之处，以此提高我国路桥合同管理水平。同时在国外管理经验的参考下，逐步完善市场经济的需求，在合同管理中难免会出现纠纷和索赔事件的发生，因此在结合有关经验的实施下，从而制定出科学有效的管理方案，在双方经过充分的协调下使问题得到有效的解决，充分确保索赔的合理性，必要时可以通过专业部门进行解决。

综上所述，路桥工程由于项目施工的特殊性，在合同管理上应该引起重视，在提高合同管理人员的专业技能和综合素质基础上，培养人员的法律意识，从而进一步完善合同管理的体系建设，再通过对投招标进行严格的把关，加上广泛吸收国外成熟的合同管理经验，从而全面加强我国路桥工程合同管理水平。

第二节　路桥施工合同的全过程管理

目前建筑市场的竞争日益激烈，如何适应国内外激烈的竞争局面，是摆在施工企业面前的严峻课题。特别是对于路桥施工企业而言，合同管理是企业经营管理的重要组成部分，对企业经济效益的发挥起着不可或缺的作用。加强路桥施工合同的全过程管理，可以提高企业经营管理水平和服务质量，促进企业各项工作的有效开展。

在路桥施工企业管理中合同的有效管理可以促进企业有效运行，因此需要对施工合同的管理给予足够的重视，同时把握住合同管理的要点，有条不紊的开展合同管理工作。结合工程实际施工管理实际情况，合同管理的重点主要包括施工招投标阶段、过程控制、变更及索赔、工程竣工及最终结清等方面，多举措、全方位把控路桥施工合同的全过程管理工作，才能满足企业经营管理的需要。

一、施工合同管理的意义

（一）有效规范工程各参建方的行为

目前我国建设工程的市场经济比较混乱，具体表现在交易主体和监督主体两方面。工程建设的各参建方普遍存在法律意识、法制观念比较淡薄的情况，缺乏诚信观念，工程建设中常发生不正当的竞争行为，中标后履约意识差，使得市场秩序一度很糟糕。因此我国的各有关工程监督部门如果能够有效地规范市场主体的交易行为，可以保障市场经济的正常运转。

（二）更好地适应我国市场经济发展的要求

合同管理是工程建设的重要内容，贯穿于工程建设过程的全过程，并且随着市场经济的不断完善和发展，施工合同的管理将成为发承包方共同的重要法律依据，这是我国市场经济发展的大趋势。路桥施工企业也应该打破传统的管理理念，更多的运用法律和经济的手段对施工合同进行管理，在施工生产的过程中不断完善和建立健全各项管理制度，以更好地适应我国市场经济发展的要求。

（三）有效应对国际市场竞争

随着建筑市场的不断开放，承包国外工程和外商承包国内工程已很普遍，外国承包商在面对故意压低工程报价、克扣工程款、垫支工程款等不平等交易时往往能够通过法律的途径来申请维权。然而目前我国尚处于社会主义发展的初级阶段，我们的生产力水平和公民受教育的水平都比较低，法律观念淡薄，不能够很快的适应国际市场竞争，一定程度上给国民经济造成了一定的损失。因此路桥企业应该不断地提高应对国际市场经济的理念，加强施工合同的全过程管控，不断的规范合同管理制度，用合同管理助力企业发展。

二、施工合同管理的特点

（一）施工合同持续时间长

施工合同贯穿工程的整个生产过程，使得工程承包合同的周期比较长，合同履行过程中会出现许多意料不到的情况，有时甚至会延长工程工期，因此要针对每个工程的实际情况，以事实为出发点，对路桥工程进行实时有效的动态管理，保证工程能够顺利完成施工任务。

（二）施工合同管理的复杂性、系统性

路桥工程具有工程规模大、建设周期长、技术要求高、不确定性因素多等特点，加大了合同管理的难度。特别是工程变更和索赔工作，需要对合同进行全面而系统的理解。因此应该从不同角度、多方位的对合同进行全面管理，以实现工程的最终目标。

（三）施工合同对法律依赖性强

在对施工合同进行管理的过程中，发承包方的各种行为都要受到法律的约束，这就要求管理者不但要了解普通的法律知识，更要专注专业领域的法律知识，特别是对施工合同中涉及的规范、标准、法律法规等进行钻研，通过法律的手段维护好企业的合法权益。

三、路桥施工合同全过程管理的要点分析

（一）招投标阶段

路桥工程的招投标和合同管理的关系是相辅相成的，招投标阶段严格来讲属于施工合同管理的一部分，招投标的结果最终会通过合同确立下来。招标投标合同的订立是形成施工合同管理的基础，通过合同管理作用的发挥，可以使招标过程更加透明化、招投标方的行为更加规范化，也可以解决在招投标阶段监管不到位、审查不严格的问题。招投标工作要坚持公开、公平、公正和诚实信用的原则，从建筑工程的细节出发，建立健全各项招投标管理制度和完善招投标工作程序以及招投标监督管理程序，使招投标在一个严谨的氛围中规范开展工作。

（二）施工过程中的合同管理

1. 施工进度控制

路桥施工企业应该严格按照合同约定的工作内容和工期，编制施工进度总计划和施工方案报监理人审批，监理人也应该在规定的期限内批复或者提出建议，没有在规定期限内

给予批复也没有提出修改意见的视为已经得到批复。经批准的施工进度计划将作为控制施工进度的依据，另外承包人还应该编制更为详尽的分部分项施工进度计划报监理人批准，可以更加准确地控制工程进度。

2. 暂停施工的处理

在实际施工过程中会出现暂时停工的现象，其中由于发包方的原因造成的停工，施工方有权要求延长工期和增加费用，并要支付合理利润。由于承包方原因造成的暂时停工，当工程具备复工条件后，施工方不得无故拖延或拒绝复工，由此增加的费用和工期延误由施工方承担。

3. 隐蔽工程的检查

路桥施工单位在自检确认隐蔽工程达到覆盖条件后，应该及时通知监理人在约定的时间内进行隐蔽工程的检查，在提交通知时应该提交自检记录和相关的检查资料，监理人应该按时到场检查。经过检查监理人认为隐蔽工程合格符合覆盖要求的，施工方方可对工程进行覆盖。如果隐蔽工程经监理人检查不合格，施工方应该在监理人规定的合理时间内进行返工修改，经监理人再次检查合格后方可覆盖。

（三）工程变更、工程索赔

在施工合同进行全过程管理中往往存在管理者对变更和索赔认识不足的问题，应该特别重视和提高变更、索赔意识，认真钻研施工合同中的重要条款，尽量规避施工中可能出现的对施工方不利的纠纷问题。其实由于工程的变更引起的索赔对工程建设的影响比较大，在工程变更时如果不能有效地开展索赔工作，就会增加施工成本，拖延工期。这就要求路桥施工企业在施工中多注意收集索赔证据，有效的索赔证据是保证索赔成功的关键，同时是合同管理的一项重要内容。

（四）竣工验收阶段

1. 费用结清

路桥施工单位在提交的竣工结算报告中应该涵盖工程所有的未结金额，其中包含索赔费用，同时应该提交工程结清证明，确保竣工结算报告中的金额是最终结算费用。结清证明生效后施工企业不得再另行申请相关费用，因此对结清证明应该格外重视，最好是聘请专业律师进行确认。

2. 施工队伍退场

在工程接收证书颁发后 56 天内，施工单位的人员、施工设备应撤离施工现场，临时工程应该及时拆除，但是监理人要求的在缺陷责任期内的一些工作需要留有部分工作人员和施工设备应该留在施工现场，在缺陷责任期满后施工方的全部人员和设备方可全部撤场。

从本节的简要论述不难看出，路桥施工合同的管理并非一日之功，需要从多角度、全方位着手才能提高合同管理水平。对于路桥合同的全过程控制也主要是从招投标阶段、施工阶段、验收阶段以及变更和索赔等方面进行重点管理,切实保障合同管理工作有条不紊地开展,提高路桥企业经济效益。

第三节 路桥施工成本控制的有效对策

随着社会经济的快速发展,人们生活水平的逐渐提高,公路运输行业逐渐发展,家用车辆也逐渐增加,路桥需求也快速加大,随着项目成本控制方案的优化改造,路桥施工作业流程必须做出相应的调整,才能适应工程计量体制调控要求,从路桥施工成本角度来看待在设计和施工过程中如何兼顾质量和成本,保证投入的高效利用来提高工程质量是一个亟待解决好的问题。成本控制既影响着项目建造投入,也决定了最终的项目施工收益水平。结合工程计量工作,重点对路桥施工过程中进行成本控制的现状进行探讨,提出了有效的成本控制措施。

路桥施工也是商品市场的主要产物,桥梁和道路也都是当今社会重要的交通要道之一。路桥工程关系国家交通设施改造,为地区交通运输作业提供了多方面保障。随着路桥建设规模的扩大,企业间的竞争也愈加激烈,路桥施工单位为了能够长期发展下去,就必须保证建设项目具有高效益、高质量,但实际中两者往往不能兼得,不能够相互约束。整个工程项目实施的过程其实就是对于合同进行履行的过程。不同的合同在施工过程中将会起到不同的作用,常用的工程项目合同主要包括如下几类:材料购置合同、施工合同、劳务承包合同、经济责任承包合同、租赁合同以及保险合同。可以说,这些项目合同为道路桥梁工程施工奠定了良好的基础,依据工程计量采取成本控制方案,可进一步实现项目成本的优化控制。因此,施工单位必须详细核对工程计量表,掌握符合施工项目实况的成本数据资料。

一、路桥施工中合同管理对于成本控制的作用

路桥施工中的合同管理工作越来越受到人们的重视。当前我国工程建筑项目最需要的便是向法制化、规范化以及标准化方向发展,当前对于道路桥梁工程建设项目的施工要求越来越高,如果在施工之前不能够进行科学有效的合同管理,则无法保障工程项目的盈利性,甚至会造成施工的经济亏损。所谓通过合同管理对路桥工程施工成本进行控制,主要是依靠合同对施工团队的工作以及各类施工材料、设备的置办进行约束来减少不必要的开销。这种成本控制可以从根本上控制工程不必要的开销。在工程的建设中,各岗位的人力开销,也是占据了相当大的比重。这里所说的工作人员不仅包括工程建设中的技术型人员,同样也包括进行施工材料运输、管理、配置等工作的人员。其工资、福利以及激励开销都将成为一项非常重要的支出。为了进行有效的控制,一般采取的措施为进行内部劳务承包

合同管理制度。之所以采取该合同管理方式，因为这样可以完善劳务分配制度，使所有的人可以按劳所得。通过对各个工作人员的工作量以及工作绩效等硬性指标进行分析来确定不同工作人员所应该获得的薪酬与福利。这样不但能够极大程度上减少由于中间步骤而使工作人员合法权益蒙受损失的情况发生，同时也可以提高工作人员的积极程度，从一个侧面来提高工程项目的施工效率。当然施工材料和机械工程也要严格按照合同进行，社会复杂，所提供的材料质量参差不齐，所以需要严格的按照合同要求进行采购，材料采购合同对材料的质量以及所需要花费的费用进行了明确规定，以此对采购工作进行约束。施工中使用的大型机械都是租赁而来。对此便需要进行机械租赁合同的合同管理工作。必须严格按照合同规定对机械设备的使用进行规范。

二、施工中的计量与控制成本

由于在工程中为了更细致的控制成本的流失，我们可以选择更加进一步的控制方法，那就是工程计量，严格做好施工中的计量工作，按照计量结果进一步完善原有的操控体制。从行业角度分析，"工程计量"是按照合同条款、技术规范等的规定，对承包人已完成的符合要求的工程量进行测量、计算、核查和确认的过程。

（一）直接成本

所谓的直接成本指的是在施工过程当中花费的能够直接组成工程实体或有助于工程实体形成的各项费用支出，是可以直接算入工程本身的费用，包括人员的工资、买各种实际材料的开支，还有大型机械的租赁和使用费用，以及施工当中的一些措施的费用等等。直接成本在总成本投入中占70%左右的比例，一旦直接成本失控必然会引起一系列的财务问题，如：资金周转不畅等。

（二）间接成本

间接成本指的就是为了施工做好一切准备、还有组织和管理施工所生产的全部花销和开支，就是不能直接用在工程上，但是又确实是为了工程而不得不使用的开销，主要包括了管理人员的工资、办公室里的一切文具等等还有出差的路费住宿费等等。如果间接成本得不到很好的控制，将会限制总投资成本的有效分配。例如，工程计量中，对合同条款规定缺少明确指标，技术规范标准不足等，导致项目转包过程中未能实现成本的一体化控制，间接费用预算失效而增加费用投入。

（三）正确分析计量

为路桥设施建造提供资金保障。基于成本控制存在的问题，需及时调整工程计量方案，从不同角度完善施工项目管理体系，遵循行业标准制度后开展审计工作，保证工程计量表与实际施工项目保持统一性。例如，大、中、小型计量方式需略作调整，把计量项目进行精细化处理，进而提高计量数据的精确性。工程计量可安排专项人员进行审计，从工程计量决策与成本方案中做出双向选择。按照路桥施工项目准则要求，工程投资方货建设方需参与计量审查。

（四）提高整体的管理和技术水平

在这样技术和讯息万变的时代，一个企业要是停步不前，这不言而喻，将面临的必然是淘汰的结局，因此企业的技术创新就尤为关键，在现在的科技时代中，为了获得企业生生不息的发展动力，技术创新是必备条件。通过技术上的创新，我们可以获得比其他企业更加具备竞争力，成本也必将大大缩减，路桥施工企业更能完全缩短相同的工程的工期，并且最终在保证工程质量的同时，还能有效地缩短施工的整个工期。更不会造成因为施工质量问题而造成的返工情况，因此也能减少不必要的浪费成本问题。目前多数路桥施工的承接单位和公司，他们的观念比较落后，整体素质地下情况普遍存在，这些问题贯穿在整个施工过程中，使路桥施工企业的成本大大增加。施工单位应该加大员工的业务培训力度，加大员工对控制成本，以及质量保证的思想意识。应提高员工的成本管理与控制意识，全体员工都要参与到成本控制工作中。

1. 加强对员工的成本控制要求

在目前的市场经济条件下，企业要想在如此激烈的市场竞争中获得生存与发展，就必须有效降低生产成本。应该充分结合自身的特点，建立起完善的管理体制，并有效提高人员的成本控制意识。在项目施工过程中需要对成本进行预测和核算，并根据相关资料针对成本升降的因素展开分析。

2. 完善施工管理机制

要自上而下的形成控制成本的系统和人员，让整个成本控制的流程专业化。又有严格地考核以及要求标准。并且把控制成本与个人的效益，奖金，罚款直接挂钩。成为评级的指标来抓。相关人员的加薪，升职，个人绩效都完全在控制成本上能够得到绩效和收益。项目负责人更应该牢牢地把控项目的每一个环节的工程质量与成本控制进行总负责，同各分项目负责人签署成本控制责任书，把单项工程成本控制实况和各项目负责人的自身利益进行挂钩，促使调动其积极性。

3. 强化管理，避免工程延期

路桥施工的项目进度管理，最根本在于施工企业根据设计的，以及合同签订的目标，进行全面的协调监督。在保证质量的情况下，按照原定的工期，进行有条不紊的施工。如果出现了拖延工期的情况，就要及时的对问题进行有效的分析，通过各种手段来进行弥补，甚至是要修改施工计划。目前能够有效控制施工进度的方法，有甘特图，网络计划法等等，保证工程的进度与实现，也需要把每名工作人员的工作与大家一起合作互相整体完成，完全有效的结合在一起。如此便能有效的保证施工进度的在计划当中进行，更能保证工程能够按照原计划按时竣工。

结合以上所说,路桥施工是一项复杂且综合性较强的工程,从立项到施工,再到质量和成本要求的管理,每一个环节都需要严格的把关,统筹兼顾。相关工作人员应不断提高自身的专业技能及综合素养,加大施工管理的力度,实际建设必须按照行业标准提供科学的成本控制方案,这样才能优化路桥设施改造与建设进程。但若过分侧重对施工成本进行控制,就会导致施工的质量出现问题,即使能够获得高利润,却保证不了合同中的质量要求,也不利于施工企业的长期发展,因此,我们需要通过增加抽检次数等方法,保证能够发现施工过程中存在的问题,从而提高路桥工程质量。制定硬性的办法提升路桥工程的进步和完善。所以说,施工方应当努力发掘对应的管理体系,吸取国内外路桥施工的成功经验,通过合理恰当的手段,持续增强企业管理能力,提高路桥施工质量。

第四节　路桥项目施工合同的变更

在路桥施工中,导致合同变更的因素大致有依据法律规定的变更、修正重大误解的变更、改变原合同不公平的变更、双方协商的变更等几类。合同变更的主体,主要有业主、承包方、监理工程师、工程的设计单位以及与施工有利害关系的第三方。他们须依据《合同法》所规定的程序进行变更。然而当下不确定因素较多,如果处理不当,往往会造成工程施工出现造价增高、工期延长等问题,给业主带来不必要的损失。为尽量避免这些问题,首先须进一步完善市场经济体制,真正实现政企分开。其次在路桥施工中,委托的业主应具备自主经营、自负盈亏的独立法人资格。最后须加强施工合同的管理以及监督审计。

合同变更主要是根据鉴定合同的业主或者与施工有利害关系的人向对方或者双方提出对施工合同的部分条款进行变动或者修改,然后经过对方或者双方同意之后,进行合同条款协议的变动,最终使工程施工内容增加或者减少的过程。施工合同的变更对双方都有影响,根据内容的呈现较大变更和较少变更两种形式。较大的变更,就是原合同中的设计方案、建设规模进行改变,或者工程量加大等。较小变更则是在施工过程中,出现频率较高的合同内容变更。如材料的供应不足引起原合同的施工工期等问题。在路桥施工中,为了给业主或者国家造成不必要的损失,对施工合同的变更应该给予高度的重视。

一、影响工程施工合同变更的原因

施工合同变更的原因有很多,造成的其内容更改的因素主要有以下几点:

(一)因法律规定合同变更

我国对路桥设计以及施工规范颁布了相关法律规定,必须如实按照相关规定进行。如果出现不符合规定的设计和施工等,则会导致合同变更。而按照《合同法》规定,双方签订合同，如果有一方违约致使合同不能正常履行，或者因为某情况而不能履行，也会导致合同变更。

（二）因存在重大误解导致合同变更

在双方签订合同的情况下，对于合同的性质的误解、对合同当事人的误解、对标的物质量的误解、对标的工程量的误解以及对标的工程量的工期。履行方式等误解，这些都会导致合同变更。而这些原因也会给工程施工带来一定的影响，如标的物质的量的误解中，如果优质品换成伪劣品，沥青路面换成改性沥青路面，这样对于造价出现一定的纰漏，因为会导致合同变更。

（三）因合同有失公平导致合同变更

在路桥施工过程中，由于实际情况的不符，如路桥施工时，开挖的地质实际情况与合同中的地质情况不相符，在开挖后的实际地质剖面与根据钻孔绘制的地质剖面有很大差异，出现裂隙、溶洞，导致工程量的增大，这使在履行施工合同时出现有失公平的现象。除此之外，工程项目的外部条件发生重大的变化，如原材料价格出现巨大变化，电源以及水量出现短缺等。或者其设计本身就存在一定的缺陷，这些都会使原合同出现不公平现象导致合同变更。

（四）经双方协商同意合同变更

在路桥施工过程中，如果出现不良地段，一般会局部更改设计路线，这样在双方的协商下同意后就可以进行合同变更。也有根据施工中出现的外界因素，其工程本身可以降低成本的条件下，也可以提出合同变更，或者而为了加快施工速度，而提出新的施工方法，致使合同变更。对于工程施工中出现的增加路线等，双方同意后，也会进行合同变更。

二、合同变更主体及程序

（一）合同变更主体

合同变更提出的主体，主要有业主、承包方、监理工程师、工程的设计单位以及与施工有利害关系的第三方。他们都可以根据自身的要求和实际情况提出合同变更。其中，业主可以因为无故延迟施工工期，施工质量不合格等提出，承包方可以因为施工实际情况出现材料短缺，更改施工设计等提出。而基于节约工程成本、加快工程进度和保证工程质量的原则中出现的通道、排水系统等则监理工程师可以提出。优化设计，更改施工中的系统，或者要增加施工路线则设计单位和施工地域居民可以提出合同变更。

（二）合同变更程序

我国《合同法》中对于合同变更的定义为："当事人协商一致，可以变更合同。"一般情况下，施工合同的变更需要当事人协商一致，才可以进行合同变更。根据相关规定，在路桥施工中，其施工合同的变更程序为：

承包方提出合同变更程序：首先，根据需要变更的原因，在实际的施工现场中收集原始资料，然后将这些原始资料作为依据，报监理工程师审核，确认无误后，需要按照业主的要求填制合同变更表，在与业主进行协商相关事宜，而业主同意后，并有业主或者监理工程师下达合同变更通知。

业主提出合同变更：根据施工的实际情况，业主在现场发现问题，并收集到相关资料，并统一整理后，在与承包方进行协商，协商一致后，业主或者监理工程师下达变更通知即可。

监理工程提出合同变更：有监理工程师发现问题，并收集相关原始资料，进行整理，并按照业主的规定的格式填写变更合同表。监理工程里、业主、承包方三方进行相关事宜的洽谈，业主与承包方意见统一后，再由业主或者监理工程师下达合同变更通知。

第三方提出合同变更：其变更原因的原始资料和依据则由第三方进行收集，在交由承包方或者监理工程师进行审核确认后，再填写变更合同的表格，统一格式，再将相关的资料和依据交给业主，经过业主、承包方、监理工程师三方协商一致后，由业主或者监理工程师下达合同变更通知。

如果出现双方协商不一致的情况下，当事人可以申请法院判决。则首先需要收集相关原始资料和依据，在向法院进行书面申请合同变更，法院会经过审查、受理、开庭审理以及一审裁决的程序。如果，一审裁决后，当事人在法定期限内未提出上诉，其裁决结果即可发生法律效力。如果还需要上诉，则可以向上一级法院进行申诉，经过受理、开庭审理等过程后，其二级裁决为最终判决。

三、合同变更注意的问题及对策

在我国的路桥项目工程施工合同中，业主一般主要是由各级主管部门或者事业委托人担任，而承包方和监理工程师则是由政府的交通管理部门进行负责。而根据《合同法》，业主与承包方属于平等的地位，属于招标者与投标者之间的关系。但是，在路桥的合同变更中，很容易出现业主与承包方出现不平等的地位，没有经过上述各方的协商就进行合同变更。另一方面的问题是，其承包方提出的变更合同没有经过业主与监理工程师的认真审核，就进行审批，导致在路桥的施工中，成本增加，于国家来说，也带来了不必要的财力物力的浪费。

要从根本上解决这两个问题，首先要通过深入、有效的改革，建立起完善的市场经济体制，真正实现政企分开。在交路桥工程的建设中，其监理工程师单位应该具备独立行使权力的能力，最好不要与政府相关部门产生行使权力的关联，着重管理民事合同一事，与业主、承包商处于同一平等关系。严格按照合同变更的程序进行，任何合同变更都需要根据实际情况和相关依据进行，并根据路桥施工合同中各方的责任、义务、权力行使职责，避免工程出现重大失误，出现不必要的失误，因此，合同变更的任意性可在很大程度上得以消除。

其次，路桥施工中，委托的业主最好是依法自主经营、自负盈亏的独立的法人为主。这样在工程项目中，业主就能规范自身行为，在相关事宜上处理得比较谨慎，并拥有责任心。这样在合同变更中，对于合同变更原因进行及时的确认、审批。以降低其自身的主观性和随意性。而监理工程管理单位也必须严格执行责任及义务，认真监督，对于业主与承包方提出的变更要求，要严格按照相关程序进行审查以及确认，在下达变更之前，承包方不得进行任何合同变更[5]。

最后，施工合同要加强管理以及监督审计。路桥建设是一个作业时间长，涉及面广的工程项目，在其施工过程中存在着许多不可预知的因素，因此，施工单位必须加强对施工合同的管理，对于路桥的施工中的特点以及问题，做好处理措施，避免给业主带来不必要的成本浪费。同时，也要加强企业的监督审计工作，以保障违规和失误的最小化。

路桥施工过程中，其突发因素有很多，如道路工程的长度、宽度变化、路面结构层变化、桥梁的结构变化、跨度变化等等这些都会导致其施工方案出现更改。在施工合同的变更中，要确保工程工期、造价方面等不会造成巨大的影响，避免给业主造成不必要的损失，需要恰当的处理。业主、承包方需按照相关程序进行合同变更，而监理工程师应严格对其进行监督和审核，如此，才能使合同变更具有意义。从长远来看，进一步完善市场经济体制是解决问题的根本路径，因为只有在市场机制依法办事的环境下，才能使合同以及合同的变更具有真正的约束力。

第五节　桥梁施工合同管理跟踪管理

伴随着社会主义建设事业的蓬勃兴起，我国的交通运输行业也在健康快速的发展，交通运输行业的发展离不开公路桥梁工程的大肆兴建。公路桥梁工程的施工质量直接关系到交通运输的安全性及通行效率，保障公路桥梁施工质量就需要做好公路桥梁建设的管理工作，考虑到每一个细节，施工合同是保障施工过程严格有序开展的关键，所以施工合同管理意义重大。鉴于此本研究针对公路桥梁施工合同管理跟踪管理要点展开了一系列的分析，首先分析了公路桥梁施工合同跟踪管理的含义及开展公路桥梁施工合同管理跟踪管理的必要性，然后分析了现阶段在公路桥梁施工合同管理跟踪管理过程中遇到的主要问题，最后分析了如何在明确公路桥梁施工合同管理跟踪管理要点的基础上做好合同跟踪管理工作，对提升公路桥梁建设质量，促进我国的交通运输事业蓬勃健康的发展具有很强的借鉴意义。

一、分析公路桥梁施工中合同跟踪管理的含义以及应用的必要性

（一）公路桥梁施工中合同跟踪管理的含义

在公路桥梁工程建设过程中，涉及到合同跟踪管理，而合同跟踪管理又是实现良好的项目建设的重要保障。那么什么是合同跟踪管理，就是结合具体的工程实际，就合同管理采取针对性的管理措施，将合同中明确规定的很多方面的内容进行科学的跟踪管理，最终的目的是保障公路桥梁建设施工的质量，将合同管理贯穿到每一个施工环境中，也就是全过程都注意履行合同，管理合同。只有这样才能将合同管理工作落到实处，同时做好公路桥梁建设过程中的各项管理工作，保障工程建设的顺利实施。

（二）公路桥梁施工中合同跟踪管理的必要性

施工合同是工程建设过程中非常重要的指导文件，做好合同的跟踪管理意义重大。只有将合同跟踪管理工作落到实处，才能巧妙的规避工程施工过程中可能遇到的各种风险，真正将风险的发生概率降到最低，保障工程建设的顺利性。利益是工程建设方追求的重要指标，但是利益是建立在工程施工质量的基础上，在保障工程建设质量的前提下，实现利益最大化是施工方所追求的，而将合同中所规定的各项条款真正落到实处，才能保障施工建设的利益，减少不必要的成本支出。此外，做好施工合同的跟踪管理工作，还能够有效的控制工程施工进度，保障工程如期完工，所以做好公路桥梁工程的施工合同的跟踪管理工作有助于经济效益，质量效益的双重保障，因此做好公路桥梁施工合同管理的跟踪管理工作意义重大。

二、公路桥梁施工中合同跟踪管理过程存在的主要问题

（一）签订相关合同的阶段存在问题

结合公路桥梁工程的施工实际，首先需要甲乙双方签订施工合同，在合同的签订阶段由于双方意见不一致或者利益受到冲突很容易出现合同签订不顺利的情况。双方出现争执很容易出现合同主体不恰当或条件缺少的情况。出现没有能够独立生效的合同的情况或者合同中的某些条款由于与相关的法律法规不相符导致整份合同无效的情况等，这些问题的出现都是由于合同跟踪管理工作做得不到位导致的，签订阶段就出现问题对后期的工程施工会产生较大的影响。

（二）履行合同的阶段存在问题

合同的履行阶段就是公路桥梁工程正式投入建设中的阶段。例如合同中有些条款与实际的施工过程严重不协调需要就这些条款进行变更，但是由于种种原因没有及时进行变更，或者是有些合同需要签字确认但是没有及时处理，就施工过程中出现的问题没有及时做好

责任划分，没有使用合同中明确规定的内容保障自身的合法权益等。一份有效的施工合同是受到法律保护的，如果在合同管理的跟踪管理过程中没有很好的认识到这一点就不能充分保障个人或组织的权益。

（三）缺乏专业的管理人才

合同的跟踪管理工作离不开人的支持，人是跟踪管理的主要实施者，只有管理合同的人才是专业的合同管理者，明确合同跟踪管理过程中的种种问题才能做好合同的跟踪管理工作，保障合同跟踪管理工作是有效的，但是现阶段公路桥梁工程的合同跟踪管理缺乏专业管理人才导致管理过程中出现一些问题也没能及时发现，错过了问题的最佳解决时间，影响了工程的进度。

（四）缺乏完善的管理体系

虽然工程建设单位逐渐意识到施工合同管理的重要性，但是很多公路桥梁施工合同管理体系仍然不健全，导致很多管理工作仅仅停留在表面，特别是工程的验收环节不能严格按照合同中的规定做好验收，导致工程的质量难以得到保障，一旦工程建设完成投入到运行中出现问题，后果不可预计。

三、公路桥梁施工中合同跟踪管理的要点

（一）促进合同跟踪管理强度的提升

通过以上分析可以看出，公路桥梁工程施工中合同跟踪管理意义重大，但是现阶段的合同施工管理环节问题百出，如何结合实际存在的问题做好合同跟踪管理工作是需要重点考虑的问题。做好合同的跟踪管理首先需要促进管理强度的提升，只有从意识上重视合同的跟踪管理工作，并且提升管理强度，才能本着为工程建设充分负责的态度开展公路桥梁工程施工合同的跟踪管理工作，严格按照合同中既定的内容开展施工，防止合同的条款被随意更改，促进自身权益得以有效的保障，最终实现公路桥梁建设质量得以保障。

（二）促进合同跟踪管理人才队伍的建设

合同的跟踪管理工作离不开人的工作，鉴于目前合同跟踪管理人员的综合素质不高的情况，需要重视合同跟踪管理人才队伍的建设，提升管理人员的积极性及责任心，建设企业需要定期做好人员的培训工作，不断丰富其合同跟踪管理能力及实践经验，保障合同跟踪管理的有效性。

（三）重视勘察设计阶段的跟踪调查工作

由于工程建设的特殊性，开展公路桥梁工程建设，首先需要做好勘察工作，结合实际的勘察情况做好投资分析，建设分析，保障工程设计的有效性。所以在这个阶段一个要将

合同的跟踪管理工作做到位，只有这样才能保障合同中的条款顺利实施，对广大勘察设计单位而言，只有明确合同中的具体规定，并且将具体的合同条款落到实处，才能保障设计的有效性，科学性以及合理性，才能在施工前期对于整体工程有一个大概的把握。

（四）将合同的全面跟踪管理工作落到实处

做好合同的跟踪管理工作，还需要有效的监督。就每一项变更工作严格把关，涉及到具体的工程项目环节的需要就文字答复，分包商指令等等方面的问题明确，积极配合相关管理人员的工作，做好合同审核工作，还需要就具体的工作做好审核记录，一旦后期发生争执能够及时明确责任，及时解决问题，保障工程施工顺利开展。

综上所述，在公路桥梁工程施工过程中需要依据施工合同中的具体规定做好施工管理，所以合同管理的重要性就体现出来了，做好施工合同的跟踪管理工作，考虑到每一个细节方面的问题，努力替身合同管理人员的综合素质，重视合同跟踪管理，并且做好监督工作，最终保障公路桥梁工程的施工质量及施工效益，更好的为社会主义建设发展服务。

参考文献

[1] 杨宝成.浅谈路桥施工技术对软土地基处理方法[J].四川水泥,2016,38(10):249,286.

[2] 曹晓青.公路路桥施工中有关软土地基处理的思考[J].工程建设与设计,2017,65(3):12-13.

[3] 王丁丁.刍议探析路桥施工技术对软土地基处理[J].工程建设与设计,2017,65(2):26-27.

[4] 何建之.三维数字模型、动画在施工工程中应用案例剖析[J].中国新通信,2015,17(19):77-78.

[5] 周夏磊.市政道路桥梁工程中关于沉降段路基路面的施工技术的研究[J].内江科技,2017,38(8):38-39.

[6] 郑祖光.路桥施工中裂缝的防治技术措施探讨[J].广西建筑技术,2016,30(03):128-129.

[7] 王雪梅,王银涛.桥梁伸缩缝伸缩量的确定[J].黑龙江交通科技,2012,35(5):59.

[8] 张振兴,张良奇.振动搅拌技术在路面水稳基层施工中的应用[J].筑路机械与施工机械化,2016,33(6):30-36.

[9] 谢永平,冯沅.嵌入沥青搅拌设备的配方曲线显示与输入调整系统[J].筑路机械与施工机械化,2016,33(6):89-92.

[10] 马朝鲜,程永龙,王守习,等.双电机驱动搅拌器功率循环问题研究[J].筑路机械与施工机械化,2016,33(2):100-102.

[11] 陶永红,顾程鹏,董武.沥青混合料搅拌设备施工前验收和计量标定实施方法研究[J].筑路机械与施工机械化,2015,32(3):87-90.

[12] 刘兴芳.煤粉气流床气化技术在沥青拌和站上的应用[J].筑路机械与施工机械化,2015,32(7):44-48.

[13] 姜红.大型强制间歇式沥青搅拌站转场快速拆装施工工法[J].筑路机械与施工机械化,2014,31(8):95-98.

[14] 高红彬.谈路桥工程安全监理的难点及完善措施[J].四川建材,2011,37(3):284-285.

[15] 马力. 路桥施工技术在山区高速公路的应用分析 [J]. 科技资讯, 2016, 14 (26): 44-46.

[16] 陈智刚. 混凝土施工技术在市政路桥施工中的应用 [J]. 四川建材, 2015, 41 (01): 180-181.

[17] 沈炜南. 浅析混凝土施工技术在市政路桥施工中的应用 [J]. 科技创新导报, 2015, 12 (22): 125-126.

[18] 肖琴. 工程管理系统思维与工程全寿命期管理 [J]. 建筑工程技术与设计, 2017, 21 (13): 4404.

[19] 张兆国. 基于工程管理系统思维下的工程项目全寿命期管理探索 [J]. 商情, 2017, 19 (47): 91.

[20] 江海杰. 工程管理系统思维与工程全寿命期管理 [J]. 建筑工程技术与设计, 2017, 28 (9): 2253-2266.